LA BIBLIA ME GUIA

ENSEÑANZA BIBLICA PARA ESCOLARES A

LIBRO 1
MAESTROS

Niños de 7 a 8 años

CASA BAUTISTA DE PUBLICACIONES

CASA BAUTISTA DE PUBLICACIONES
Apartado Postal 4255, El Paso, TX 79914, EE.UU. de A.
www.casabautista.org

LA BIBLIA ME GUIA (Escolares "A" Maestros). Volumen 1, No. 1. Libro Anual.
© Copyright 1990. Casa Bautista de Publicaciones, 7000 Alabama St., El Paso, Texas 79904, Estados Unidos de América. Todos los derechos reservados. Prohibida su reproducción o transmisión total o parcial, por cualquier medio, sin el permiso escrito de los publicadores.

Ediciones: 1990, 1991, 1993, 1995, 1997, 1999, 2000
Octava edición: 2003

Clasificación Decimal Dewey: 268.432
Temas: 1. Educación Cristiana
2. Comunidad
3. Creación
4. Biblia
5. Dios

ISBN: 0-311-11461-X
C.B.P. Art. No. 11461

3 M 10 03

Impreso en Colombia
Printed in Colombia

"PROGRAMA DIALOGO Y ACCION"
LIBRO ANUAL DE ENSEÑANZA BIBLICA
MAESTROS
ESCOLARES "A" 7-8 AÑOS

DIRECTOR GENERAL
Jorge E. Díaz

DIRECTOR DE LA DIVISION EDITORIAL
Rubén O. Zorzoli

COLABORADORAS:
Joanna Sturgeon, Leny Ortuño

EDITORAS
Carol de Martínez, Nelly de González, Ibelís Guédez, Elsa de Rousselin, Vilma de Fajardo

DIRECTORA DEL DEPARTAMENTO DE DISEÑO GRAFICO
Gloria Williams-Méndez

REIMPRESIONES Y PRODUCCION CONTRATADA
Violeta Martínez

Casa Bautista de Publicaciones
Apartado 4255
El Paso, Texas 79914, EE. UU. de A.

CONTENIDO

Prefacio 4

¡Silencio!, Vamos a Comenzar 5

MODULO: COMUNIDAD

Amigos 7

MODULO: CREACION

Así Lo Hizo Dios 37

MODULO: BIBLIA

La Biblia: El Libro de Dios 69

MODULO: DIOS

Dios Está Conmigo 101

Plan de Salvación 100

Música 133

Son cincuenta y dos estudios bíblicos con sus respectivos planes de clase

---

PREFACIO

La Biblia Me Guía es un nuevo esfuerzo de su Casa Bautista de Publicaciones para facilitar la enseñanza bíblica en las iglesias hispanohablantes alrededor del mundo.

La Biblia Me Guía es una colección de dos tomos. Este ejemplar corresponde al tomo número 1 de la colección. En este primer ejemplar estaremos considerando los módulos COMUNIDAD, CREACION, BIBLIA Y DIOS.

Al iniciar un módulo diferente, presentamos una carta para el maestro, y durante el desarrollo de cada módulo le sugerimos un proyecto relacionado con los temas de estudio. Este proyecto tiene el propósito de reforzar por medio de la participación activa de los alumnos, los principios bíblicos aprendidos por él durante la clase.

En la Biblia Me Guía Maestro también le ofrecemos artículos interesantes que complementarán el conocimiento que usted ya tiene sobre las características básicas de los niños de 7 y 8 años. Además, le brindamos sugerencias de cómo hacer más dinámico un estudio bíblico para niños, cómo usar mejor los auxiliares en el proceso de enseñanza-aprendizaje, el plan de salvación para presentárselo a un niño, y desde luego los 52 estudios bíblicos para todo un año de actividades.

La Biblia Me Guía Maestro, está estrechamente relacionada con la Biblia Me Guía Alumnos. La Biblia Me Guía Alumnos constituye el material de trabajo del alumno por medio del cual estos, convenientemente guiados por su maestro van a complementar las enseñanzas bíblicas adquiridas en el estudio.

Es nuestro anhelo que esta nueva presentación de los materiales del Programa Diálogo y Acción, respondan a las expectativas de cada maestro de enseñanza bíblica y contribuya positivamente al interés de sembrar en el corazón de cada niño el amor por la Palabra de Dios.

¡SILENCIO!, VAMOS A COMENZAR

"¡Quietos todos, vamos a comenzar! Hoy estudiaremos acerca de nuestro crecimiento. Vamos a ver... ¡Mario, escúchame! ¿Qué recuerdas sobre...? Pero, ¿qué haces? ¡Deja esa mariposa y dedícate a poner atención!"

"Mire, señorita, ¡Marta me está molestando."

"¡Sshh! ¡Silencio, por favor! Vamos a comenzar la clase!"

"¿Me prestas un lápiz?"

"No tengo Biblia"..

"Estaba al borde de la desesperación y tenía deseos de sacarlos del salón, de llamar a uno de los diáconos para que se hiciera cargo de ellos. '¡Es imposible', pensé, '¡con ellos no se puede!'

"No creas que no me preparo, llevaba listos dos carteles que les habían gustado muchísimo el domingo anterior. Los cantos los conocen de sobra porque los hemos cantados miles de veces; pero, ¡no querían cantar!... Les dije que jugáramos y por un momento creí que los había entusiasmado; pero, al anunciarles el juego, se miraron unos a otros con desánimo y ya no quisieron jugar... En fin, ¡nada les interesa!"

Eran las palabras con las que la maestra de niños me relataba lo sucedido en su clase de la escuela dominical. ¡Estaba a punto de renunciar!

—No te desesperes —le dije—, hablemos del asunto y trataremos de buscarle una solución. Ordenemos el problema y revisemos lo que pasó en clase:

* Iniciaste anunciando lo que iban a estudiar.
* Llevaste carteles que ya habías usado.
* Propusiste cantos, que como tú misma dices, los han cantado muchas veces.
* Quisiste que jugaran algo que no les entusiasma.

—¿No crees que ese fue el primer motivo por el cual los chicos no te pusieron atención? ¿Te has dado cuenta de lo que te faltó? ¡Motivar con cosas nuevas a tus alumnos! En realidad, no los estás motivando. Posiblemente no tuviste en cuenta los intereses de ellos y la enseñanza no está llenando sus necesidades.

—¿Necesidades?... ¡Necesidades! ¿Qué necesidades van a tener si son tan niños?

—¿Qué? ¿Entonces no has pensado en que cada chico viene al salón de clase trayendo su propio carácter, sus propias costumbres, sus propios problemas, su propio hogar?... En pocas palabras, ¡cada niño es distinto dentro de todo lo que tienen en común! Pueden venir con sueño o, tal vez con hambre, cansados, o con algún dolor. Quizá con la necesidad de sentirse seguros, porque en su hogar no se sienten así. Puede ser que sean hijos de padres divorciados, o con problemas de vicios en su hogar. ¡Cuánto puede haber detrás de aquellas caritas que son el motivo de nuestro trabajo! Debes encontrar la forma de hacer que ellos se olviden de todo eso en el tiempo que están en tu clase y se vuelquen con interés en lo que les has propuesto enseñarles... Recuerda que las verdades cristianas que tú enseñas vendrán a ayudarles a vivir mejor, no importa el mundo en el cual se muevan.

—Bueno —me dijo—, creo que tienes razón; pero, ¿qué es motivar?

—En la enseñanza, es el medio del cual te vales para captar y mantener el interés de tus alumnos. Como maestros debemos conciliar cada momento la motivación con la enseñanza. Si un niño se distrae es porque ha tenido una motivación más fuerte que la que nosotros le estamos ofreciendo. O simplemente no hemos puesto un sincero interés en atraer su atención. Debes tener presente que, sobre todo, los niños se entregan completamente a lo que hacen, y en términos generales, motivarlos es ayudarlos a que se entreguen con entusiasmo a aprender lo que hemos *preparado* para ellos.

—¡Aaah! —me respondió—, entonces la motivación es sólo para interesar a los muchachos.

—No —le dije—, no es sólo para eso, su razón principal es facilitar el aprendizaje... Dar entusiasmo por aprender! La satisfacción o fastidio que sienten con lo que hacen en el salón de clase, determinará los resultados: frustración o satisfacción.

—Entonces tengo otro problema —me dijo—. ¿Quién me motiva a mí?

—¡Es claro!, tu motivación consiste en el gozo de lograr lo que te has propuesto enseñar a tus alumnos y en tu preparación para continuar con ese gozo. Cuídate a ti misma. Lee y prepárate sabiendo que estás dejando una huella profunda en la vida de esos chicos. ¡No te imaginas todo lo que puedes dejar en ellos para su futuro!

Por un momento se quedó callada, como tratando de poner en orden sus ideas, hasta que me volvió a preguntar:

—¿Qué ideas básicas debo tener en cuenta para motivar?

—Bien —le respondí—, hay muchísimas, pero pensemos en cosas sencillas y concretas que te ayuden a lograr un cambio de conducta en tus alumnos.

* Inicia con una charla de interés para todos y que sutilmente los introduzca en el tema.
* Procura que los cantos sean nuevos y relacionados con el tema.
* Usa juegos nuevos y de acuerdo con su edad.
* No uses el mismo material dos veces seguidas.
* Asígnales tareas de acuerdo con su edad.

—Espera —me dijo—. ¿Qué quieres decir con eso?

—Que cada edad tiene sus capacidades y habilidades. Por ejemplo: a un niño pequeñito no puedes ponerlo a leer, ni a un niño más grande le gusta estar solamente pintando.

—Ya entiendo —me respondió—, sigamos...

Continuamos platicando un poco más, y cuando terminamos, las dos teníamos la satisfacción de haber pensado en cómo motivar el interés de nuestros alumnos y facilitarles su aprendizaje.

Elsa de Rousselin.

MODULO: COMUNIDAD

SERIE: AMIGOS

Objetivo General de la Serie: Esta serie está diseñada para guiar al alumno a imitar los ejemplos de los personajes bíblicos que actuaron amigablemente en su comunidad.

Escriba aquí
la fecha en que
se usará cada
estudio.

_____
_____
_____
_____

UNIDAD 1: DIFERENTES : PERO AMIGOS

Objetivo de la Unidad: Esta unidad está diseñada para que el alumno encuentre placer por conocer a cinco personajes bíblicos que actuaron a favor de sus amigos
1. Bernabé Aceptó a un Amigo Diferente
2. El Buen Samaritano Ayudó a un Amigo Diferente
3. Onesíforo Comprendió a un Amigo Diferente
4. David y Jonatán Fueron Amigos Diferentes

_____
_____
_____

UNIDAD 2: AMIGOS QUE AYUDARON

Objetivo de la Unidad: Esta unidad está diseñada para que el alumno valore la ayuda que le dieron algunos personajes de la Biblia a sus amigos.
5. Sirvieron a su Comunidad
6. Enseñaron a un Nuevo Amigo
7. Ayudaron a un Enfermo

_____
_____
_____
_____
_____

UNIDAD 3: SER AMIGO ES...

Objetivo de la Unidad: Esta unidad está diseñada para que el alumno haga suyas cinco cualidades de la amistad ejemplificadas en la Biblia.
8. Ser Amigo Es Cuidar a Otros
9. Ser Amigo Es Compartir
10. Ser Amigo Es Perdonar
11. Ser Amigo Es Ser Amable
12. Ser Amigo Es Aceptar a Otros Como Son

_____

ESTUDIO DE REFORZAMIENTO
13. Ser Amigo Es...

PROYECTOS de la Serie: AMIGOS

Para las Unidades 1 y 2, se sugieren dos proyectos. Seleccione el más adecuado a sus posibilidades. **Planee con anticipación.** Cada semana deberá preparar los materiales para el siguiente estudio.

UNIDAD 1:
Proyecto 1: *"Tubos de Actitudes Amistosas".*

Descripción general: Cada domingo el alumno preparará un tubo de "dos vistas". Una "vista" tendrá escrito el versículo bíblico y la otra tendrá un dibujo ilustrando el versículo:

El maestro: *¿Qué preparará para cada alumno?*
1) Cuatro tubos largos de cartón (como los que tienen el papel encerado o de aluminio). Si no puede conseguirlos, hará tubos enrollando una hoja de 11 cms. por 8 1/2 cms. (tamaño carta) y uniendo las orillas con grapas, pegamento, o cinta para pegar.
2) Hojas blancas de papel 5 1/2 cms. por 8 1/2 cms.
3) Plumas de fibra o lápices de colores.

El alumno: *¿Qué hará en cada clase?*
1. *Estudio 1:* En una hoja escribirá con letra grande de molde 1 Tesalonicenses 5:14. En otra hoja ilustrará el versículo. Colocará con grapas los dibujos en su tubo.
2. *Estudio 2:* Escribirá Hebreos 13:16, y lo ilustrará, de la misma manera que procedió en el estudio 1.
3. *Estudio 3:* Escribirá Proverbios 17:17 y lo ilustrará de igual manera como ha procedido en los estudios anteriores.
4. *Estudio 4:* Escribirá e ilustrará Proverbios 18:24.

Proyecto 2: *"Marcadores de Libros".* Cada domingo el alumno hará un marcador con el versículo bíblico.

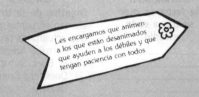

Les encargamos que animen a los que están desanimados que ayuden a los débiles y que tengan paciencia con todos

El maestro:
1. Cortará cada domingo para cada alumno una tira de cartón de colores como muestra la ilustración.
2. Llevará además recortadas de revistas figuras pequeñas de niños, flores, y elementos de la naturaleza; plumas de fibra (o lápices de color) y pegamento.

El alumno:
Cada domingo escribirá el versículo aprendido en la tira de cartulina, y pegará una figura.

UNIDAD 2:
Proyecto 1: *"El Cubo de los Amigos Ayudantes".*

En una caja de cartón los alumnos harán *collages* de sus amigos ayudantes, para relacionar con la vida diaria lo que estudiaron acerca de ayudantes bíblicos.

El maestro:
1. Conseguirá una o varias cajas grandes de cartón (se sugiere una caja para cada cinco alumnos).
2. Las forrará de papel blanco.
3. Recortará de revistas de enseñanza-bíblica y seculares, cuadros de "amigos ayudantes": panaderos, carteros, policías, bomberos, personas de la profesión médica y personas que se dedican a la enseñanza. Haga los recortes de formas y tamaños variados: triángulos, círculos, rectángulos, etc.
4. Escribirá en la parte superior de la caja: AMIGOS QUE ME AYUDAN.

El alumno:
1. *Estudio 5:* Pegará los recortes de los "Amigos Que Me Ayudan" en dos lados de la caja. Un niño con letra bonita escribirá en una tira de papel de color el versículo aprendido y lo pegará también en la caja.
2. *Estudio 6:* Pegará los recortes de los "Amigos Que Me Enseñan" en el tercer lado de la caja. Un niño escribirá en una tira de papel de color el versículo y lo pegará en la caja.
3. *Estudio 7:* Pegará los recortes de los "Amigos Que Cuidan Mi Salud", escribirá sobre una tira de cartulina el versículo y lo pegará en la caja.

Proyecto 2: *Descripción:* Hacer figuras de plastilina de los "Amigos Que Me Ayudan"

El maestro: Conseguirá plastilina o hará masa para modelar según la siguiente receta:
2 tazas de harina
1 taza de sal
1 cuchara de glicerina o aceite vegetal
agua

Incorpore todos los ingredientes, usando la cantidad de agua necesaria para lograr una consistencia de barro. Puede teñir la masa con colorantes vegetales. Guarde la masa en bolsas de polietileno para que no se endurezca.

Los Alumnos: Cada domingo modelarán a los amigos ayudantes acerca de quienes estudiaron en ese día, y los colocarán sobre una mesa.

Unidad 3 Proyecto: "Llavero de la Amistad".
El maestro: ¿*Qué debe preparar?*
1. Argollas grandes de plástico o metálicas, hojas de cartulina de diferentes colores, crayones o lápices y plumas de fieltro de colores, perforadora.
2. Cortará de las hojas de cartulina círculos de diferentes colores para cada alumno.

El alumno: ¿*Qué hará en cada clase?*
Estudio 8: Escribirá el título de la unidad en el primer círculo. En el segundo círculo, por un lado escribirá Hechos 20:35 y al otro lado hará un dibujo para ilustrar el relato bíblico
Estudio 9: Escribirá en el tercer círculo, con lápices de diferentes colores, Proverbios 19:6
Estudio 10: Escribirá en el cuarto círculo Efesios 4:32 y al reverso escribirá: PERDONAR es OLVIDAR.
Estudio 11: De un lado escribirá Tito 3:2; al reverso hará un dibujo sencillo para ilustrar el mismo versículo.
Estudio 12: De un lado escribirá 1 Juan 4:11 y al reverso escribirá: DIOS NOS AMA Y PERDONA.

Se insertarán todos los círculos en una argolla, en el orden que fueron hechos.

SERIE: Amigos
UNIDAD 1: Diferentes, pero Amigos

1

AMIGOS DIFERENTES

BASE BIBLICA: Hechos 9:20-28
TEMA: Bernabé Aceptó a un Amigo Diferente
PARA MEMORIZAR:
1 Tesalonicenses 5:14

PLAN DE ENSEÑANZA

Qué Preparar Antes de la Clase

Meta de Enseñanza-Aprendizaje: El alumno demostrará su actitud de interés por conocer cómo Bernabé aceptó a un amigo diferente, por medio de seleccionar dos cuadros de una secuencia que muestran las actitudes positivas de Bernabé.

Maestro: Comenzando con este estudio, observaremos las cualidades que caracterizaron a varios personajes bíblicos como buenos amigos. Destaque estas cualidades, y ayude a sus alumnos a desear seguir los mismos ejemplos.

Actividad Introductoria: *Memorización. 1 Tesalonicenses 5:14.* Este versículo menciona tres características de la buena amistad. Prepárese para explicar el versículo en el vocabulario del niño. En una tira de cartulina escriba: UN BUEN AMIGO, y colóquela en un

ACTIVIDADES DE APRENDIZAJE

Qué Hacer Durante la Clase

Al llegar sus alumnos, salúdeles. Hágales notar que están comenzando una nueva serie acerca de los amigos y la amistad.

Actividad Introductoria: *Memorización: 1 Tesalonicenses 5:14.* Diga a sus alumnos que este versículo nos habla de tres maneras de mostrarnos buenos amigos. Guíe a los alumnos que tienen Biblia a encontrar el versículo y a subrayarlo. Entonces realicen la actividad de la página 3 de la Hoja de Trabajo. Al terminar, los alumnos mencionarán las tres características de amigos. Juntos repitan el versículo.

Proyecto: Explique a los alumnos los detalles del proyecto que usted seleccionó de la página 8. Reparta a los alumnos los materiales y guíelos a cumplir con lo que hoy les corresponde hacer. Recuerde que si escogió el del tubo de las dos vistas, de un lado deberán escribir el versículo, y del otro lado dibujar algo descriptivo del versículo.

Juego: ¿Quién es mi amigo? Vende los ojos de un niño y que se pare en el centro del círculo formado por los demás alumnos. El tocará a uno de sus compañeros y tratará de adivinar quién es: puede hacerlo al tocar el pelo o la cara del niño o al escuchar una breve descripción de él (color del pelo, los ojos, la ropa), dada por los demás niños. Cuando haya adivinado, el niño que fue tocado será quien adivine a otro amigo. Procure que todos participen.

Música: "Alabadle, Oh Niñitos Todos", "Buenos Amigos".

Conversación: Muestre a sus alumnos la portada de la Hoja de Trabajo. Hablen de quiénes son los niños y qué es lo que hacen. Pregunte acerca de cómo podemos conocer a nuevos amigos, y cuál debe ser nuestro comportamiento con ellos.

Estudio de la Biblia: Abra la Biblia en Hechos 9:20-28. Diga a sus alumnos que el relato de hoy trata de alguien que fue muy buen amigo de alguien a quien conocía poco. Relate la historia como sigue:

UN BUEN AMIGO

"También os rogamos que alentéis a los de poco ánimo, que sostengáis a los débiles, que seáis pacientes con todos." 1 Tesalonicenses 5:14

DEL MAESTRO

lugar del salón. Cada domingo coloque debajo del rótulo un pequeño cartel con el versículo bíblico del día.

Proyecto: En la página 8 de este libro se recomiendan dos proyectos para la Unidad: *Diferentes... pero Amigos.* Seleccione el proyecto más adecuado a sus posibilidades y prepare los materiales necesarios con anticipación. En todo caso, observe que ambos tratan de escribir el versículo bíblico, y en los tubos de dos vistas, ilustrar el mismo.

Juego: "¿Quién es mi amigo?" Necesitarán una venda para los ojos

Música: "Alabadle, Oh Niñitos Todos" (Cantos Infantiles No. 18) y "Buenos Amigos", página 133 de este libro.

Conversación: Los Buenos Amigos. Hablen de cómo se puede conocer a amigos nuevos, y cómo se debe comportar con ellos.

Estudio de la Biblia: *Hechos 9:20-28.* Lea y medite en el pasaje. Es comprensible que los cristianos sospecharan y tuvieran temor de Pablo, quien antes había sido perseguidor. Bernabé, sin embargo, demostró ser un verdadero amigo al confiar en él y al presentarlo a los demás cristianos para que ellos también lo conocieran como un nuevo seguidor de Jesús y amigo.

Usted, como maestro, debe seguir el mismo ejemplo de Bernabé. Cuando lleguen nuevos amigos a su clase, haga todo lo posible para que los demás alumnos los conozcan y acepten en su grupo.

Repaso y Aplicación: Lleve a los alumnos a pensar en las características de un buen amigo.

Hacia la Meta: En la página 4 de la Hoja de Trabajo se encuentran cuatro actitudes posibles de Bernabé. El alumno seleccionará las que representan las actitudes que él sí tuvo.

CON LOS ALUMNOS

Un Amigo Nuevo

Los cristianos estaban en un grupo platicando. Tenían miedo y no se sentían seguros. No entendían lo que estaba pasando.

—¡Ha llegado Pablo a Jerusalén! —exclamaron con miedo unos a otros.

—¿No es el que mataba a los cristianos? —preguntó uno.

—¡Sí! —afirmó otro—. Y ahora Pablo viene acá. ¡Quiere estar con nosotros!

—¿Qué haremos? —se preguntaban.

—Dicen que Pablo ha cambiado mucho —dijo uno—. Sí, dicen que está predicando que Jesús es el Salvador del mundo.

—¿Será cierto? No lo creo —decía otro.

Entre los discípulos había uno llamado Bernabé. Bernabé pensaba: "Pablo necesita un amigo. Yo quiero ser su amigo. Yo quiero ayudarle."

Entonces fue a buscar a Pablo y lo trajo a donde estaban los discípulos. "Este es Pablo", dijo Bernabé. "Debemos ser sus amigos y ayudarle. Pablo ya conoce a Jesús, él está enseñando a muchas personas que Dios les ama."

Ahora Pablo tenía nuevos amigos que le ayudaban.

Relato basado en Hechos 9:20-28

Repaso y Aplicación: Pida a sus alumnos que mencionen las características de un buen amigo según la historia y el versículo para memorizar. Escriba en el pizarrón cada característica mencionada. Haga hincapié en que todos quisiéramos conocer y tener amigos con estas características. Guíelos a pensar en cuáles de estas características posee cada uno de ellos.

Oración: De gratitud por los buenos amigos.

EVALUACION DEL PROCESO DE ENSEÑANZA-APRENDIZAJE

Cómo Comprobar los Resultados

Guíe a sus alumnos a leer la secuencia de dibujos que está en la página 4 de la Hoja de Trabajo.

Dígales que pinten aquellos dibujos que representan las actitudes de amistad de Bernabé.

SERIE: Amigos
UNIDAD 1: Diferentes, pero Amigos

2

UN AMIGO QUE AYUDO

BASE BIBLICA: Lucas 10:30-37
TEMA: El Buen Samaritano Ayudó a un Amigo Diferente
PARA MEMORIZAR: Hebreos 13:16

▶ PLAN DE ENSEÑANZA

Qué Preparar Antes de la Clase
Meta de Enseñanza-Aprendizaje: El alumno demostrará su actitud de interés por conocer cómo el buen samaritano ayudó a un amigo diferente, por medio de participar en una dramatización del relato bíblico.

Maestro: El estudio de hoy nos ofrece una buena lección a todos. Generalmente nos es muy fácil ayudar a las personas a quienes queremos, o aun a un desconocido si no tenemos que comprometernos demasiado. Por medio de esta narración Jesús nos demuestra un verdadero ejemplo de ayuda desinteresada. Nuevamente, es necesario como maestros reflexionar un poco acerca de la ayuda que brindamos a nuestros semejantes, y sobre todo, a nuestros alumnos y sus familias. ¿Hay algo que pudiéramos hacer por ellos que no estamos haciendo?

▶ ACTIVIDADES DE APRENDIZAJE

Qué Hacer Durante la Clase
Al llegar sus alumnos, salúdelos. Ayúdeles a recordar cuál es el tema de la serie, diríjales a pensar en el tema del día.

Actividad Introductoria: *Memorización. Hebreos 13:16.* Ayude a los alumnos a encontrar el versículo en sus Biblias y a subrayarlo. Entonces guíelos a resolver en grupo el versículo que preparó en el pizarrón o en la cartulina. Muestre el cuadro de la página 4 de la Hoja de Trabajo y dígales que se dibujen ayudando al niño. Finalmente realizarán la actividad de memorización que está en la misma página.

Proyecto: Guíe a los alumnos en la realización de la segunda fase del proyecto que usted seleccionó de la página 8. Anímeles a hacer un buen trabajo.

Música: *"Como el Buen Samaritano".*

Conversación: Muestre la portada de la Hoja de Trabajo. Pregunte: ¿En qué otras ocasiones necesitamos ayudar a nuestros amigos?

Estudio de la Biblia: Abra la Biblia en Lucas 10. Comente a sus alumnos que el relato de hoy es acerca de una persona que se mostró amiga con quien no conocía. Dígales que escuchen con cuidado, porque después dramatizarán el relato:

DEL MAESTRO ←

Actividad Introductoria: *Memorización. Hebreos 13:16.* En una cartulina o en el pizarrón, escriba el versículo salteando las letras vocales como se presenta en la página 4 de la Hoja de Trabajo. Recuerde también preparar un cartel para colocar debajo del rótulo UN BUEN AMIGO.

Proyecto: Consulte la página 8 de este libro y prepare los materiales que se usarán en la segunda fase de la realización del proyecto. Sea que use el marcador, o el tubo de dos vistas, trace con lápiz claro líneas para que los niños puedan escribir rectas y proporcionadas las palabras.

Música: *"Como el Buen Samaritano"* (Cantos Infantiles NO. 63). Prepare el canto en cartel. También cantarán otros cantos que ellos deseen.

Conversación: Usando la portada de la Hoja de Trabajo, discutan acerca de cómo pueden ayudar a las personas con necesidades.

Estudio de la Biblia: Lucas 10:30-37. Por medio de esta narración Jesús enseñó la responsabilidad de ayudar a toda persona, sea nuestro amigo o no. Hace una comparación entre los verdaderos amigos: el herido era judío, sin embargo, dos de su misma raza, y líderes de los oficios religiosos, lo ignoraron. El samaritano era características despreciado por el judío, pero fue aquél el que se preocupó por ayudar al otro.

Hacia la Meta: La cumplirá por medio de una dramatización. Prepare un vestuario sencillo, incluyendo vendas para las heridas y unos frascos vacíos para la "medicina". El drama deberá comenzar a partir del momento en que el hombre está herido, para que los niños no imiten las acciones negativas de los ladrones.

CON LOS ALUMNOS ←

Ayudó a un Amigo Diferente

Una vez un hombre iba caminando hacia la ciudad de Jericó, cuando algunos ladrones le asaltaron, le golpearon y le hirieron, dejándolo abandonado a un lado del camino.

Poco tiempo después pasó por su lado un sacerdote. Lo vio pero no lo ayudó porque tenía mucha prisa. Lo mismo ocurrió con un ayudante del sacerdote: Pasó por su lado pero no le ayudó, aunque al pobre hombre le dolían mucho sus heridas. En ese momento llegó un hombre bondadoso, un buen samaritano, que tuvo compasión y ayudó al hombre herido. Para curarlo le echó aceite y vinagre a sus heridas y se las vendó.

Luego subió a su burro y lo llevó a un mesón, donde se quedó a cuidarlo toda la noche.

Al día siguiente el hombre herido ya estaba mejor. El samaritano, que debía seguir su viaje, le pagó al dueño del mesón y le dio más dinero para que cuidara al hombre hasta que se curase. El hombre herido dio muchas gracias a Dios por la ayuda de su amigo samaritano.

Relato basado en Lucas 10:30-37

Música: Como el Buen Samaritano. Mencionen como ellos también pueden ser como el buen samaritano.

Oración: De petición, para que Dios les ayude a darse cuenta de las personas a su alrededor y de las necesidades que ellas tienen.

→ EVALUACION DEL PROCESO DE ENSEÑANZA-APRENDIZAJE ←

Cómo Comprobar los Resultados

Forme varios grupos de 5 (los personajes del relato). Pídales que como grupo lean nuevamente las hojas centrales de su Hoja de Trabajo, y planifiquen cómo representar el relato. Entonces, los alumnos tomarán turnos presentando su versión del relato. Al final, comenten nuevamente las conclusiones del estudio de hoy.

SERIE: Amigos
UNIDAD 1: Diferentes, pero Amigos

3

LOS AMIGOS SE COMPRENDEN

BASE BIBLICA: 2 Timoteo 1:15-18; 4:19
TEMA: Onesíforo Comprendió a un Amigo Diferente
PARA MEMORIZAR: Proverbios 17:17

▶ PLAN DE ENSEÑANZA

Qué Preparar Antes de la Clase
Meta de Enseñanza-Aprendizaje: El alumno demostrará su actitud de interés por conocer cómo Onesíforo comprendió a un amigo por medio de ilustrar una situación en la que él debe demostrar comprensión a un amigo.

Maestro: El estudio de noy habla de la importancia de ser un verdadero amigo en cada momento. Muchas veces tenemos amigos por conveniencia, o porque tenemos gustos e intereses parecidos. Sin embargo, cuando vienen las crisis en las vidas de estas personas, frecuentemente las evadimos, sea porque por naturaleza somos indiferentes o por temor a involucrarnos demasiado emocionalmente. Onesíforo fue un verdadero amigo, porque en el momento de mayor crisis de Pablo, él fue a visitarlo y a animarlo.

Proyecto: Consulte la página 8 de este

▶ ACTIVIDADES DE APRENDIZAJE

Qué Hacer Durante la Clase

Proyecto: Guíe a los alumnos en la realización de la tercera fase del proyecto seleccionado. Recuerde que si están usando el Tubo de dos vistas como el proyecto, los alumnos podrán hacer el dibujo en el período de la Evaluación.

Conversación: Muestre la portada de la Hoja de Trabajo. Pregunte por qué creen que los niños de esa escena son buenos amigos. Después que varios hayan opinado, destaque las cualidades que distinguen a un verdadero amigo de otro que no lo es.

Música: *"Alabadle, Oh Niñitos Todos"* y *"Buenos Amigos"*

Juego Verbal: *"Mis Buenos Amigos:..."* Sentados en círculo, el primer niño dirá: Mis buenos amigos me aman (o cualquier otra palabra que empieza con la letra a). El segundo repetirá lo que dijo el primero y agregará otra característica de los buenos amigos que comience con la letra b. Seguirán así con las diferentes letras del alfabeto. Cuando algún alumno no pueda pensar en alguna característica con la letra correspondiente, los alumnos y usted le pueden ayudar.

Estudio de la Biblia: Abra su Biblia en 2 Timoteo 1:15-18 y 4:19. Que cada alumno busque en su Biblia el mismo pasaje y lo lea para sí mismo, para encontrar el nombre de un amigo que comprendió a Pablo. Luego, relate lo siguiente:

Un Amigo Verdadero
Pablo y Onesíforo eran amigos. Juntos habían pasado momentos muy felices.
Onesíforo siempre estaba listo para ayudar a Pablo. Lo animaba cuando estaba triste, lo consolaba en sus problemas, lo ayudaba en sus necesidades.
Pero ahora, su amigo Pablo estaba en la cárcel por predicar que Jesús es el Salvador del mundo.
Pablo ya era anciano. Se sentía muy solo en la cárcel. Le hacía falta alguien

DEL MAESTRO

libro y prepare los materiales que se usarán en el tercer día de la realización del proyecto seleccionado. Escriba en letra grande en un lugar visible el versículo, para que de ahí lo puedan copiar. (Puede ser el mismo que coloque debajo del cartel UN BUEN AMIGO.)

Conversación: Los Verdaderos Amigos. Hablen acerca de lo que distingue entre uno que es sólo amigo a veces, y otro que siempre es amigo.

Música: *"Alabadle Oh Niñitos Todos"* (Cantos Infantiles No. 18) y *"Buenos Amigos"* (pág. 133 de este libro).

Juego Verbal: *"Mis Buenos Amigos"*. Este juego les hará pensar en las buenas cualidades de un verdadero amigo.

Estudio de la Biblia: *2 Timoteo 1:15-18; 4:19*. En el estudio 1, hablábamos del comienzo del ministerio de Pablo y de su necesidad de ser reconocido y aceptado por los demás cristianos. En este relato, ya ha transcurrido bastante tiempo. Su ministerio está por terminar, y él se encuentra en la cárcel, sintiéndose solo y con poco ánimo. Onesíforo demuestra ser un verdadero amigo al acudir a él en este momento de necesidad.

Memorización: Prepare el versículo de Proverbios 17:17 en forma de eslabones de una cadena, como lo muestra la ilustración al pie de la página.

Repaso: Use el texto para memorizar.

Hacia la Meta: Los alumnos harán un dibujo, en que demuestren una situación específica en la que pueden y deben demostrar comprensión hacia algún amigo. *Materiales:* Hojas, lápices de colores (los que están usando el Tubo de dos Vistas como el proyecto, pueden combinar las actividades del segundo dibujo del proyecto con la evaluación).

CON LOS ALUMNOS

con quien conversar. ¡Cómo le hacía falta a Pablo un amigo!

Un día, Onesíforo fue a buscar a su amigo Pablo. El sabía que Pablo estaba en la cárcel, y deseaba visitarlo. No le importaba que su amigo estuviera en cadenas. Otros habían dejado solo a Pablo porque estaba encarcelado, pero Onesíforo no. El quería estar con Pablo, porque sabía que Pablo lo necesitaba mucho.

Cuando Onesíforo encontró a Pablo, ¡qué contento estaba su amigo por haberlo venido a visitar! Platicaron un rato, Onesíforo le habló de cómo mucha gente seguía conociendo de Jesús.

Onesíforo también se sintió feliz de estar otra vez con Pablo. Aunque estaban en tristes condiciones, Onesíforo pudo animar a Pablo. Otra vez pudo consolarlo, y otra vez lo pudo ayudar en sus necesidades.

Relato basado en 2 Timoteo 1:15-18; 4:19.

Memorización: Proverbios 17:17. Explique a sus alumnos que otra característica de un buen amigo es la comprensión. Ayude a sus alumnos a encontrar el versículo en sus Biblias y a subrayarlo. Guíe a sus alumnos a realizar la actividad de memorización de la página 4 de la Hoja de Trabajo. Finalmente, entregue las partes de la cadena para que la armen y repasen el versículo hasta memorizarlo.

Repaso: Guíe a los alumnos a repetir el versículo memorizado y decir por qué Onesíforo es un buen ejemplo de alguien quien practicó este versículo.

Oración: De gratitud por los buenos amigos, y de petición para que nosotros también podamos ser buenos amigos.

➤EVALUACION DEL PROCESO DE ENSEÑANZA-APRENDIZAJE◀

Cómo Comprobar los Resultados

Hablen brevemente acerca de lo que significa comprender a los amigos. Guíelos a observar los cuadros de la página 4 en la Hoja de Trabajo del Alumno y a deducir por qué los niños están demostrando ser buenos amigos. Luego diríjalos a hacer su propio dibujo que represente una situación difícil y en la que pueden demostrar comprensión a un amigo. Si desean pueden comentar los dibujos con el grupo.

SERIE: Amigos
UNIDAD 1: Diferentes, pero Amigos

AMIGOS PARA SIEMPRE

BASE BIBLICA: 1 Samuel 18:1-5; 19:1-7; 20:1-42
TEMA: David y Jonatán Fueron Amigos Diferentes
PARA MEMORIZAR: Proverbios 18:24

Qué Hacer Durante la Clase

Al llegar sus alunmos, ayúdelos a recordar lo que han aprendido hasta la fecha acerca de los amigos. Los carteles con los versículos les ayudarán.

Actividad Introductoria: *Memorización: Proverbios 18:24.* Guíe a los alumnos a encontrar el pasaje en sus Biblias y a subrayarlo. Comenten sobre las "caras tristes" de la página 4 de la Hoja de Trabajo. Pregunte a los alumnos cómo se sienten ellos cuando no tienen con quién jugar. Guíe a los alumnos a realizar el trabajo de memorización.

Proyecto: Explique a los alumnos que hoy terminarán su proyecto. Ayúdeles a terminar todo de un modo satisfactorio y atractivo.

Música: "Alabadle, Oh Niñitos Todos". Diga a los niños que Dios muestra su amor dándonos amigos.

Conversación: Platiquen acerca del proyecto de la unidad que han cumplido. Que cada alumno comparta su opinión acerca de cómo podemos "mostrarnos amigos" hacia

PLAN DE ENSEÑANZA

Qué Preparar Antes de la Clase

Meta de Enseñanza-Aprendizaje: El alumno demostrará su actitud de interés por conocer la amistad entre David y Jonatán por medio de enlistar tres características de esta amistad.

Maestro: Lo que caracterizaba la amistad entre David y Jonatán era la sinceridad. Todos necesitamos de cuando menos un buen amigo. La amistad, la necesidad de relacionarnos muy de cerca con otros, es una característica de los que hemos sido hechos a la imagen de Dios. Ayude a sus alumnos a apreciar desde ahora el valor de la amistad.

Actividad Introductoria: Memorización:

ACTIVIDADES DE APRENDIZAJE

los demás.

Estudio de la Biblia: *1 Samuel 18:1-5; 19:1-7; 20:1-42.* Abra la Biblia en el pasaje. Dígales que al escuchar el relato, piensen en cuáles características tenían ellos que ayudaban a demostrar que eran muy buenos amigos.

AMIGOS QUE SE AMABAN

Qué feliz estaba Jonatán con su nuevo amigo. Este amigo se llamaba David. Había sido pastor de ovejas pero ahora vivía en el palacio, como músico del rey.

Jonatán, el hijo del rey, y David prometieron ser amigos para siempre. Jonatán, para demostrar esta amistad, le regaló su manto, su espada, su arco y su cinturón de acero. Eran regalos muy valiosos.

Al principio, el rey quería mucho a David, porque le tocaba música muy bonita en su arpa. Esto animaba al rey cuando se sentía triste.

Pero un día, hubo una guerra y David

UN BUEN AMIGO

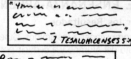
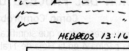
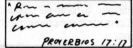

DEL MAESTRO

Proverbios 18:24. Prepare el cartel con el versículo que deberá colocar debajo del rótulo UN BUEN AMIGO.

Proyecto: Consulte la página 3 de esta revista y prepare los materiales que se usarán en la cuarta parte de la realización del proyecto que ha seleccionado. Hoy completarán este proyecto, así que deberá decidir si permitirá a sus alumnos llevarse el proyecto a su casa desde hoy o esperar hasta el final de la serie.

Conversación: En este período los alumnos compartirán algo del proyecto que han realizado durante la unidad.

Música: Los cantos que ya han entonado durante esta unidad.

Estudio de la Biblia: *1 Samuel 18:1-5; 19:1-7; 20:1-42*. Al leer el pasaje, procure comprender la magnitud del amor que sentían David y Jonatán el uno por el otro. En primer lugar, había barreras que bien pudieron haber impedido esta amistad: el hecho de que entonces David era de una clase social inferior a la de Jonatán; y después, el hecho de que Jonatán no permitiera que los celos de su padre interfirieran en esta amistad. La entrega de regalos también muestra la sinceridad que había entre ambos.

Repaso de la Unidad: Lea las adivinanzas y trate de decirlas de memoria a los alumnos.

Hacia la Meta: Los alumnos deberán enlistar tres características de esta amistad tan especial. La página 4 de la Hoja de Trabajo les deberá ayudar.

CON LOS ALUMNOS

ayudó a ganarla. Entonces la gente empezó a querer más a David. El rey se puso muy celoso. Quería matarlo.

Jonatán trató varias veces de que el rey no matara a David. Sin embargo, finalmente David vio que tendría que irse. El y Jonatán hicieron un plan. David se escondería tres días. Al tercer día, Jonatán llegaría al campo con un muchacho para tirar flechas como ejercitándose al blanco.

Si en ese día, Jonatán le decía al muchacho "las flechas están más acá de ti", entonces David podría volver al palacio. Pero si Jonatán decía, "las flechas están más allá de ti", significaba que el rey aún deseaba matar a David y David tendría que huir lejos.

Llegó el tercer día. David se escondió, esperando a Jonatán. ¿Cuál sería el mensaje secreto?

Llegó Jonatán con el muchacho tiró las flechas; David escuchó con tristeza cuando Jonatán dijo: "Las flechas están más allá de ti." David no podría regresar al palacio.

Entonces David y Jonatán se acercaron y se abrazaron. Lloraron porque debían separarse, pero repitieron una promesa de que serían amigos para siempre.

Relato basado en 1 Samuel 18:1-5; 19:1-7; 20:1-42.

Repaso de la Unidad: Por medio de adivinanzas, ayude a los alumnos a recordar los personajes principales de los estudios:
1. Mi amigo Pablo estaba en la cárcel. Fui a visitarlo y a ayudarle. ¿Quién soy? (Onesíforo.)
2. Encontré a un hombre tirado y herido. Curé sus heridas y lo llevé al mesón para que siguiera recuperándose. ¿Quién soy? (El Buen Samaritano.)
3. Amaba tanto a mi amigo David, que prometimos ser amigos para siempre.
4. Cuando me di cuenta de que Pablo había llegado a Jerusalén y quería ser amigo de los discípulos, yo le ayudé. ¿Quién soy? (Bernabé.)

Música: Buenos Amigos.

Oración: De gratitud por los buenos amigos.

➤ EVALUACION DEL PROCESO DE ENSEÑANZA-APRENDIZAJE ⬅

Cómo Comprobar los Resultados

Anime a sus alumnos a leer las páginas centrales de la Hoja de Trabajo. Entonces, que en la página 4 de la Hoja de Trabajo del alumno, hagan una lista de tres características de estos buenos amigos. Comenten la lista de cada uno.

SERIE: Amigos
UNIDAD 2: Amigos Que Ayudaron

5

AYUDANTES DE MUCHOS

BASE BIBLICA: Nehemías 3:1-3; 28-32. Ester 8:9-17; Jeremías 37:21
TEMA: Sirvieron a su Comunidad
PARA MEMORIZAR:
1 Tesalonicenses 5:12a

▶ PLAN DE ENSEÑANZA

Meta de Enseñanza-Aprendizaje: El alumno valorará la ayuda que tres personajes bíblicos prestaron a su comunidad y lo demostrará por medio de hacer en la clase un mural que muestra cómo sirvieron los personajes mencionados.

Maestro: Los siguientes tres estudios tratarán de diferentes "ayudantes del barrio". Hoy trataremos, de forma muy breve, con los constructores de edificios públicos, los carteros y los que nos proveen alimentos. Consiga láminas de todos los diferentes ayudantes que tenemos (además de los mencionados) y colóquelos en un lugar visible.

Actividad Introductoria: Memorización.

▶ ACTIVIDADES DE APRENDIZAJE

Qué Hacer Durante la Clase

Al llegar sus alumnos, salúdeles. Hágales notar los cambios de decoración en el salón (los cuadros de los ayudantes). Mencione la nueva unidad que ahora estudiarán.

Memorización: 1 Tesalonicenses 5:12a. Ayude a sus alumnos a encontrar el pasaje en sus Biblias, a leerlo y a subrayarlo. Explique a sus alumnos que por varias clases estudiarán el pasaje completo (versículos 12 y 13) porque habla de las actitudes que debemos tener hacia los amigos que nos ayudan. Juntos, nombren los diferentes amigos que les ayudan. Entonces, guíeles en la realización de la actividad de memorización en la página 4 de la Hoja de Trabajo.

Proyecto: Explique a los alumnos los detalles del proyecto que usted seleccionó de las páginas 8 y 9. Reparta los materiales y guíe a los niños a realizar lo que les corresponde para hoy.

Conversación: Diga al oído de cada alumno el nombre de un ayudante (panadero, cartero, médico, etc.). El niño dramatizará lo que hace el ayudante mencionado, y los demás adivinarán de quién se trata. Después de que todos hayan participado, muestre los cuadros de los ayudantes que usted colocó en algún lugar del salón. Conversen acerca de la importancia de estos ayudantes.

Música: "Gozoso Estoy", "Nuestros Ayudantes".

Estudio de la Biblia: Nehemías 3:1-3; 28-32; Ester 8:9-17; Jeremías 37:21. Mencione que al igual que en nuestros tiempos, en los tiempos de la Biblia también había ayudantes especiales que servían a todos. Si estudió *Palestina en los Tiempos de Jesús,* comparta esa información ahora. Después, divida a los alumnos en tres grupos. Designe a cada grupo la lectura de un pasaje bíblico y que identifiquen a los ayudantes que allí se mencionan. Entonces, después de cada lectura, con el títere correspondiente y a manera de personificación, explique el papel del ayudante mencionado en la Biblia:

DEL MAESTRO

1 Tesalonicenses 5:12a. Use la actividad de la página 4 de la Hoja de Trabajo.

Proyecto: Iniciarán un nuevo proyecto. En las páginas 8 y 9 de este libro se recomiendan dos proyectos para la Unidad: Amigos Que Ayudaron. Seleccione el proyecto más adecuado a sus posibilidades y prepare los materiales necesarios con anticipación.

Conversación: *Juego.* Dramatizarán el trabajo de los "ayudantes".

Música: Además de los cantos ya aprendidos en esta serie, cantarán "Gozoso Estoy" (No. 20) y "Nuestros Ayudantes" (No. 54); de *Cantos Infantiles.* Con ambos cantos usarán las palabras "cartero" "panadero" "maestro" y "doctor" según el estudio. ("Gozoso estoy por el cartero", Gracias, gracias, buen maestro, etc.)

Estudio de la Biblia: *Nehemías 3:1-3; 28-32 Ester 8:9-17; Jeremías 37:21.* "Amigos Ayudantes". Reproduzca en cartulina las figuras de los ayudantes que están en la Hoja de Trabajo. Prepárelos en forma de títeres.

En *Palestina en los Tiempos de Jesús,* puede leer más acerca de los servidores públicos de la Biblia. Comparta con los alumnos los datos que pueda obtener de este libro.

Hacia la Meta: Prepararán un mural ilustrando el servicio que prestaban los ayudantes bíblicos. *Materiales:* papel manila o periódico, recortes de ayudantes y diferentes clase de colores.

CON LOS ALUMNOS

Ayudantes de Muchos

Nehemías 3:1-3. Yo soy un constructor. Los constructores ayudamos a construir edificios muy importantes para los que viven en la ciudad. La Biblia relata cómo el muro de la ciudad de Jerusalén estaba destruido. Este muro era muy importante porque protegía a la ciudad. Nehemías nos juntó y nos animó a reconstruirlo. Entonces muchos nos repartimos el trabajo para construir el muro más pronto y mejor. Algunos edificaron los mismos muros, otros las puertas, otros las ventanas y otros las torres. Con la ayuda de Dios, terminamos de construirlo en cincuenta y dos días.

Ester 8:9-17. Aunque no lo crean, en los tiempos bíblicos también había carteros. Yo soy uno. Un gobernador malo convenció al rey para que matara a todos los judíos. Pocos días después, el rey se arrepintió de su decisión. Entonces escribió cartas en las que autorizaba a los judíos a defenderse. Para que llegaran las cartas a tiempo, se enviaron a todos los pueblos carteros como yo, que montaban caballos muy veloces. Los judíos recibieron sus cartas a tiempo, pudieron planear bien su defensa, y obtuvieron la victoria.

Jeremías 37:21. Los panaderos siempre hemos sido importantes —a todos siempre les ha gustado y han necesitado comer pan. En una ocasión, encarcelaron al profeta Jeremías. Todos los días los panaderos le preparaban suficiente pan, para que nunca tuviera hambre. De esta manera pudimos ayudar al profeta Jeremías.

Repaso y Aplicación: Pregunte a sus alumnos cómo trabajan esos mismos ayudantes hoy día. Por ejemplo, ¿qué edificios públicos nos ayudan a construir los albañiles? ¿Cómo nos llegan las cartas ahora? ¿Qué personas, además de los panaderos, nos proveen de alimentos? Guíeles a completar la actividad de la página 3 de su Hoja de Trabajo.

Oración: De gratitud por nuestros servidores públicos.

EVALUACION DEL PROCESO DE ENSEÑANZA-APRENDIZAJE

Cómo Comprobar los Resultados

Diga a sus alumnos que ahora ellos ilustrarán los personajes de la historia. Coloque el papel manila en la pared, y provea a los niños de los materiales necesarios, para que dibujen a los ayudantes de tiempos bíblicos —pueden incluir otros no mencionados en la Biblia.

SERIE: Amigos
UNIDAD 2: Amigos Que Ayudaron

AMIGOS Y MAESTROS

BASE BIBLICA: Hechos 18:24-28
TEMA: Enseñaron a un Nuevo Amigo
PARA MEMORIZAR:
1 Tesalonicenses 5:12

▶ PLAN DE ENSEÑANZA

Qué Preparar Antes de la Clase

Meta de Enseñanza-Aprendizaje: El alumno valorará la ayuda que Priscila y Aquila dieron a un amigo, y lo demostrará por medio de hacer una personificación de Apolos en la que dice cómo se benefició con la ayuda recibida.

Maestro: Seguramente es usted un buen maestro de sus alumnos pero, ¿se considera también amigo de ellos? Jesús, el mejor maestro, convivió diariamente con sus alumnos principales. Aunque no se puede esperar eso de usted, sí procure pasar más tiempo con sus alumnos —planeen algún paseo, si es factible, invíteles algún día a su casa, conozca sus familias y sus pasatiempos: Sea un verdadero maestro y amigo.

Actividad Introductoria: Proyecto. ¿Ya han comenzado con uno de los proyectos

▶ ACTIVIDADES DE APRENDIZAJE

Qué Hacer Durante la Clase

Al llegar sus alumnos, salúdelos. Guíelos a que sigan repasando los versículos aprendidos que están colocados debajo del rótulo UN BUEN AMIGO.

Actividad Introductoria: Proyecto. Guíe a sus alumnos en la realización de la segunda parte del proyecto que usted seleccionó de las páginas 8 y 9 de este libro

Memorización: *1 Tesalonicenses 5:12.* Guíe a los alumnos en el repaso de la primera parte del versículo aprendido la semana anterior, y explique que hoy aprenderán la continuación del mismo. Ayude a los niños que tienen Biblia a encontrar el versículo y a subrayarlo. Repítanlo y guíelos en las actividades de la página 3 de la Hoja de Trabajo. Observe si los niños pueden realizar con facilidad esta actividad. Si lo considera necesario, escriba en el pizarrón con el mismo tipo de letra, el texto que deben memorizar. Reparta los muñequitos con las palabras del versículo para que lo armen. Finalmente, que realicen la actividad de la página 4 en la Hoja de Trabajo del Alumno.

Música: "Alabadle, Oh Niñitos Todos".

Conversación: Dirija a los alumnos en una conversación, usando las láminas que ha traído. Anime a sus alumnos a expresar en sus propias palabras por qué los maestros también son (o deben ser) amigos y que

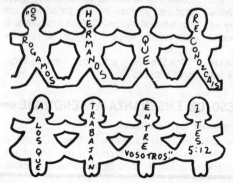

DEL MAESTRO

sugeridos en las páginas 8 y 9? Hoy deberán recortar figuras o modelar con plastilina aquellas personas que nos enseñan. Maestros del templo, de la escuela, etc. Procure tener todos los materiales listos.

Memorización: Prepare una tira de muñequitos como se demuestra al final de la página 20. En cada una escriba una palabra del versículo. Luego corte separado a los personajes. No se olvide de preparar también un cartel con el versículo para colocar debajo del rótulo UN BUEN AMIGO.

Música: *"Gozoso Estoy"* y *"Nuestros Ayudantes"* (Cantos Infantiles NO. 20 y 54).

Conversación: Los Maestros Como Amigos. Procure traer alguna lámina de maestros impartiendo una clase.

Estudio de la Biblia: *Hechos 18:24-28.* En este pasaje podemos ver el discipulado en acción. Aquila y Priscila fueron instruidos por mucho tiempo "en el camino del Señor" por Pablo. Cuando ellos escucharon a Apolos predicar, con mucho entusiasmo pero con algunas ideas erróneas, aprovechando lo que habían aprendido de Pablo, lo tomaron aparte y le mostraron el camino del Señor. Además, le brindaron apoyo para que él fuera a Acaya. Apolos instruyó nuevos creyentes sobre lo que él había aprendido de Aquila y Priscila.

Hacia la Meta: Los alumnos harán una personificación de Apolos en la que dicen cómo se beneficiaron de la enseñanza de Aquila y de Priscila. Para hacerlo más interesante, de una hoja grande (tipo periódico) trace una figura, haciendo un agujero donde pueda caber la cara del que hable. (Ver ilustración en página 20).

CON LOS ALUMNOS

mencionen algún maestro con quien sintieron que sí eran como amigos.

Música: Nuestros Ayudantes.

Estudio de la Biblia: Guíe a sus alumnos a leer Hechos 18:24-28 para encontrar los nombres de dos buenos maestros de quienes hoy van a aprender. Entonces cuénteles el siguiente relato:

Dos Buenos Maestros

Aquila y Priscila amaban mucho a Jesús. Ellos habían aprendido acerca de Jesús porque Pablo les había enseñado. Ahora ellos compartían lo que sabían con las demás personas.

Un día fueron al templo para escuchar a otra persona hablar de Jesús. Este hombre se llamaba Apolos y venía de muy lejos.

Cuando llegaron al templo, escucharon atentamente lo que decía Apolos. ¡Con cuánto entusiasmo hablaba! Pero Aquila y Priscila se dieron cuenta de que Apolos no sabía todo lo que ellos sabían acerca de Jesús. ¡Necesitaban enseñarle!

Cuando Apolos terminó de hablar lo llamaron aparte. Con mucha paciencia le enseñaron todo lo que ellos sabían acerca de Jesús. Apolos escuchó con mucha atención, porque quería aprender todo.

Cuando Aquila y Priscila terminaron de enseñarle, Apolos se fue a otras partes para predicar. Ya tenía mucho más qué compartir, porque había aprendido de dos buenos maestros.

Relato basado en Hechos 18:24-28

Repaso y Aplicación: Pregunte: ¿Cómo demostraron Aquila y Priscila ser amigos además de maestros de Apolos? ¿Qué creen que Aquila y Priscila enseñaron a Apolos acerca de Jesús? Permita que varios opinen.

Oración: De gratitud por nuestros maestros.

Música: "Gozoso Estoy".

➤ EVALUACION DEL PROCESO DE ENSEÑANZA-APRENDIZAJE ◄

Cómo Comprobar los Resultados

Cada alumno tomará el lugar de Apolos y dirá lo que sintió y recibió por la enseñanza de Aquila y Apolos. Si preparó la figura de papel como se sugirió, cada alumno deberá colocar allí su cara en el momento de hablar.

SERIE: Amigos
UNIDAD 2: Amigos Que Ayudaron

7

AYUDARON A A UN ENFERMO

BASE BIBLICA: 2 Reyes 5:1-14
TEMA: Ayudaron a un Enfermo
PARA MEMORIZAR:
1 Tesalonicenses 5:13

▶ PLAN DE ENSEÑANZA

Qué Preparar Antes de la Clase

Meta de Enseñanza-Aprendizaje: El alumno valorará la ayuda que le proporcionaron la niña y Eliseo a Naamán y lo demostrará por medio de mencionar tres maneras en que ellos pueden ayudar a una persona enferma.

Maestro: A todos nos preocupa nuestra salud —basta con tener un dolor de cabeza, para sentir que todo alrededor nuestro "no anda bien". Por eso es importante recordar que los enfermos necesitan mucho nuestra ayuda —apoyo moral, compañía, en caso de amas de casa ocupadas, aun ayuda en los quehaceres y sobre todo, nuestras oraciones.

▶ ACTIVIDADES DE APRENDIZAJE

Qué Hacer Durante la Clase

Actividad Introductoria: *Memorización: 1 Tesalonicenses 5:13.* Ayude a sus alumnos a encontrar el pasaje en sus Biblias y a subrayarlo. Explique que el versículo nos habla de la actitud correcta hacia los amigos que nos ayudan. Entregue los frascos de medicina para que los alumnos saquen las tiras de papel con las palabras y armen el versículo. Cuando hayan terminado, realice la actividad de la página 4 de la Hoja de Trabajo. Finalmente, repasen el versículo de la semana anterior y agregue el que han aprendido hoy. Repitan los dos versículos juntos.

Proyecto: Guíe a los alumnos en la realización de la última parte del proyecto de la unidad. Si optaron por hacer los "Cubos de los Ayudantes", guárdenlos para la exposición en la clase. De otra manera, decida si hoy es cuando los niños pueden llevar las figuras a sus casas.

Música: "Nuestros Ayudantes".

Conversación: Si tiene un invitado especial, es el momento para que platique con los alumnos acerca de su trabajo, y que conteste a las preguntas de los niños. Pídale de antemano que hable de la importancia de que los niños cuiden también su salud. Si no tienen un invitado, conversen sobre el trabajo de los que "cuidan la salud" y de las experiencias que los alumnos hayan tenido con los mismos.

Música: "Gozoso Estoy".

Estudio de la Biblia: Abra su Biblia en 2 Reyes 5 y relate la siguiente historia. Advierta a sus alumnos que pongan mucha atención, porque después dramatizarán el relato.

Salud para Un Capitán Enfermo

Naamán era un hombre muy importante. Era el general de los soldados de sus país y era muy valiente. Sin embargo, tenía una enfermedad muy seria en toda su piel. El, su familia y todos sus amigos estaban muy tristes por esta razón.

En la casa de Naamán vivía una niña

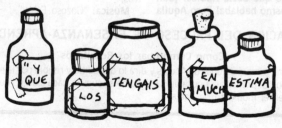

DEL MAESTRO

Tomemos el ejemplo de la pequeña esclava.
Actividad Introductoria: Memorización: *1 Tesalonicenses 5:13.* Prepare diez frascos vacíos que hayan contenido medicinas y en cada uno coloque una tira de papel con una palabra o frase del versículo.

Proyecto: Consulte la página 9 de este libro y prepare los materiales que se usarán en la tercera fase de la realización del proyecto que usted ha seleccionado.

Música: *Cantos Infantiles:* "Gozoso Estoy" (No. 20), "Nuestros Ayudantes" (No. 54).

Conversación: Si tiene algún médico, enfermera o farmacéutico en su congregación, invítelo para que pase algunos momentos con los alumnos en la clase.

Estudio de la Biblia: *2 Reyes 5:1-14.* Este acontecimiento tuvo lugar cuando Israel era vasallo de Siria, al final del ministerio del profeta Eliseo. En este relato podemos apreciar la importancia de la humildad y obediencia ante Dios. Naamán se sintió humillado porque 1) Eliseo no salió para recibirlo y 2) lo mandó a lavarse en un río común y sucio. Sin embargo, Naamán solamente quedó sano después de haber obedecido.

Hacia la Meta: Prepare un pizarrón o un cartel en el que los alumnos puedan compartir las maneras en que ellos piensan que se puede ayudar a un enfermo.

CON LOS ALUMNOS

que ayudaba a la esposa de Naamán. Ella venía de otro país, y cuando supo por qué estaban todos tan tristes, le dijo a la esposa de Naamán:

"En mi país vive un ayudante de Dios que se llama Eliseo. El le dirá al general Naamán qué debe hacer para sanar."

Cuando Naamán supo esto, tomó su carro y sus caballos para ir a ver a Eliseo. Cuando llegó, Eliseo no salió para recibirlo, pero le envió un mensaje con su siervo, quien dijo a Naamán: "Dice Eliseo que para sanar debes lavarte siete veces en el río Jordán."

Estas instrucciones le sorprendieron mucho a Naamán, y al principio no las quería obedecer. "En mi país hay ríos mucho más limpios que éste", pensó. "¿Por qué quiere que me lave en este río tan sucio?"

Sin embargo, sus amigos le convencieron de que si deseaba sanar, era necesario que obedeciera a Eliseo. Entonces Naamán se metió en el agua una, dos, tres, cuatro, cinco, seis ... ¡ y siete veces! Cuando había cumplido las siete veces ... se miró y qué sorpresa: ¡estaba completamente sano! Su piel ya no estaba marcada sino que estaba muy, muy limpia.

Gozoso, corrió a darle gracias a Eliseo y también a Dios por haberlo sanado. El, su familia y sus amgos estaban felices nuevamente.

Relato basado en 2 Reyes 5:1-14

Repaso y Aplicación: Comente con sus alumnos que ellos, al igual que Naamán, a veces necesitan hacer cosas que no les gustan (tomar medicinas, recibir inyecciones, etc.), pero que estas cosas son importantes para estar sanos.

Dramatización: Repasen la historia, usando los recuadros de la Hoja de Trabajo. Entonces dramicen la historia.

Oración: De gratitud por aquellas personas que nos ayudan a estar sanos.

➤EVALUACION DEL PROCESO DE ENSEÑANZA-APRENDIZAJE◄

Cómo Comprobar los Resultados

Los alumnos demostrarán que ellos han valorado la ayuda que dieron Eliseo y la niña a Naamán, por medio de elaborar una lista de lo que ellos pueden hacer por una persona enferma. Haga la lista en un cartel o pizarrón, permitiendo que todos opinen.

SERIE: Amigos
UNIDAD 3: Ser Amigo Es...

8

SER AMIGO ES CUIDAR A OTROS

BASE BIBLICA: Jeremías 38:1-13
TEMA: Ser Amigo Es Cuidar a Otros
PARA MEMORIZAR: Hechos 20:35

▶ PLAN DE ENSEÑANZA

Qué Preparar Antes de la Clase
Meta de Enseñanza-Aprendizaje: El alumno demostrará su actitud de hacer suyo el ejemplo de cuidar a otros, como una cualidad de la amistad, por medio de completar un calendario de acciones de cuidado que él podría realizar a otras personas.

Maestro: Comienza la unidad "Ser Amigo Es..." El objetivo es que por medio de los siguientes cinco estudios, el alumno logre hacer suyas cinco cualidades de la amistad ejemplificadas en la Biblia. Lea estas cinco cualidades destacadas en los siguientes estudios. Maestro, ¿ha logrado integrar a su vida estas cualidades? Recuerde que usted enseña un poco por lo que sabe, otro poco por lo

▶ ACTIVIDADES DE APRENDIZAJE

Qué Hacer Durante la Clase
Actividad Introductoria: Que cada niño, al llegar, use la plastilina o masa para modelar las letras de SER AMIGO ES... y que las pegue sobre cartón. Guíelos a escribir con lápiz de color, algunas cualidades que ellos consideren son de la amistad.

Música: "De Cristo Soy". Relacione las palabras de la canción "Ahora al Levantarme" con el objetivo de esta serie de estudios para que el niño logre captar la ayuda que Jesús le da para que él sea amigable en su barrio.

Conversación: Use las láminas que consiguió de niños participando en actitudes amigables. A la vez, que los niños mencionen las cualidades que según ellos debe tener un amigo. Entonces guíe la conversación al tema: Ser Amigo Es Cuidar a Otros. Pregunte si alguno ha tenido la experiencia de que algún amigo le haya cuidado en un momento de necesidad.

Estudio de la Biblia: Cómo un Amigo Cuidó a Jeremías. Guíe a sus alumnos a buscar en sus Biblias Jeremías 38:1-13.

Escriba en el pizarrón la letra E y que los niños busquen allí el nombre de una persona que comienza con esa letra. Quien lo encuentre puede escribir el nombre completo en el pizarrón. Escriba luego las letras J_R_M___S y que busquen las vocales que faltan para completar este nombre. Haga mención del título del relato como aparece en la Hoja de Trabajo. Cuente la historia haciendo resaltar la actitud amistosa de Ebedmelec.

Cómo un Amigo Cuidó a Jeremías

Un día Jeremías, el predicador, le dijo a la gente del pueblo donde vivía: "Dios dice que salgamos de esta ciudad porque nuestros enemigos vendrán aquí a matarnos..."

Algunos hombres que no le creían se enojaron contra él. Fueron al rey y le dijeron: "Jeremías está predicando mentiras...el pueblo está asustado...debemos matar a Jeremías." El rey, por no molestarse demasiado con estos hom-

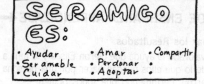

DEL MAESTRO

hace, pero fundamentalmente, usted enseña por lo que usted mismo es. Comience ya a pedir la ayuda de Dios para lograr vivir lo que va a enseñar.

Actividad Introductoria: Prepare para cada niño un cartón o cartulina de veinte por treinta centímetros y plastilina de colores o masa para modelar según la receta dada en la página 9 de este libro.

Modele las letras que forman el título de la Unidad "SER AMIGO ES..." y péguelas en el pizarrón o en una pared.

Música: "De Cristo Soy", No. 48 de *Cantos Infantiles*. Será usado durante esta unidad.

Conversación: Consiga láminas que ilustren el relato bíblicos y otras de niños en acciones amigables.

Estudio de la Biblia: Jeremías 38:1-13.

La enseñanza de este relato sobre la cual se basa el tema de este estudio, se encuentra en la acción de Ebed-melec, quien demostró amor, comprensión y cuidado por Jeremías. Lea durante la semana varias veces el relato directamente de la Biblia, hágalo pensando en sus alumnos y decida la manera más interesante de contarlo en la clase.

Memorización: Recorte en cartulina diez pozos, como los que aparecen aquí, y escriba en cada uno, una de las palabras del texto. Esconda los pozos en el salón de clase.

Proyecto: Llavero de la Amistad. Lea las instrucciones en la página 9 de este libro. Tome nota de que cada día dibujarán una acción amistosa. Provea los materiales.

Hacia la Meta: Use la actividad de la página 4 de la Hoja de Trabajo.

CON LOS ALUMNOS

bres, les dio permiso de hacer lo que ellos quisieran con Jeremías. Entonces ellos fueron y tomaron a Jeremías, y lo echaron en un pozo muy profundo. El pozo ya no tenía agua pero sí tenía mucho lodo. Allí estaba el pobre Jeremías hundiéndose en el lodo. ¿Cómo se sentiría?

Había un buen hombre que trabajaba en el palacio del rey. Se llamaba Ebed-melec. Cuando supo lo que pasaba a Jeremías fue al rey. "En el pozo Jeremías no recibe ni agua ni alimento; pronto morirá. No es justo lo que le han hecho", reclamó al rey.

Entonces el rey le dio permiso de salvar a Jeremías, diciéndole que llamara a treinta hombres para que le ayudaran a salvarlo. Ebed-melec buscó a los treinta hombres. Además, porque quería cuidar bien a Jeremías, para sacarlo del pozo, buscó trapos viejos y los echó a Jeremías junto con sogas. "Jeremías", le gritó Ebed-melec, "pon estos trapos viejos debajo de tus brazos para que las sogas no te lastimen cuando te levantemos". Jeremías obedeció y así lo sacaron del pozo.

Jeremías volvió a predicar por las calles; pero nunca se olvidó de Ebed-melec, un buen amigo que lo cuidó en un momento de necesidad.

Relato basado en Jeremías 38:1-13

Memorización: *Hechos 20:35*. Ayude a los niños a encontrar el pasaje en sus Biblias, a leerlo y a subrayarlo. Entonces que realicen la actividad de memorización de la página 3 de la Hoja de Trabajo. Finalmente, que busquen los "pozos" que están escondidos en el salón. Al encontrarlos, que juntos armen el versículo. Hablen del significado del versículo.

Proyecto: "Llavero de la Amistad". Que escriban en la primera parte el título de la unidad. En la segunda parte el texto para memorizar y al reverso un dibujo simple que ilustre el relato bíblico.

Oración: De gratitud por los amigos que nos cuidan.

►EVALUACION DEL PROCESO DE ENSEÑANZA-APRENDIZAJE◄

Cómo Comprobar los Resultados

Guíe a sus alumnos a pensar en algunos cuidados que pueden dar a otras personas, durante la semana. Preséntales la actividad de la página 4 de la Hoja de Trabajo. Que cada uno mencione por lo menos dos cuidados que se propone realizar. Que traigan su calendario la próxima semana, señalando aquellas cosas que sí pudieron hacer.

SERIE: Amigos
UNIDAD 3: Ser amigo Es...

SER AMIGO ES COMPARTIR

BASE BIBLICA: 2 Samuel 9:1-13
TEMA: Ser Amigo Es Compartir
PARA MEMORIZAR: Proverbios 19:6

▶ PLAN DE ENSEÑANZA

Qué Preparar Antes de la Clase

Meta de Enseñanza-Aprendizaje: El alumno demostrará su actitud de hacer suyo el ejemplo de compartir con otros, como una cualidad de la amistad, por medio de solucionar dos casos dados.

Maestro: Sus alumnos ya están en la edad en que tienen disposición de compartir con los demás. Lo importante es ayudarles a sentir que no solamente se comparten "cosas" que tienen poco significado para nosotros, sino que el valor de compartir está en dar a otros algo que es importante para nosotros: además de cosas materiales, el compartir incluye nuestro tiempo, nuestro compañerismo, nuestros conocimientos, etc. Y recuerde, usted, maestro, debe ser el ejemplo.

Actividad Introductoria: Dibuje en el

▶ ACTIVIDADES DE APRENDIZAJE

Qué Hacer Durante la Clase

Al llegar sus alumnos, salúdelos amigablemente. Guíeles inmediatamente a la ejecución de la siguiente actividad.

Actividad Introductoria: Converse con cada uno acerca de cómo completó durante la semana, el calendario de acciones de cuidado que debían realizar en el barrio. Que alumnos voluntarios dibujen, en el calendario que usted preparó, las acciones que realizaron.

Memorización: *Proverbios 19:6.* Reparta las tarjetas que preparó con las palabras del texto y la clave. Guíe a los alumnos a consultar la página 4 de su Hoja de Trabajo, para encontrar en la clave la indicación de cuál figura corresponde a cada palabra. Finalmente que lo completen en la Hoja de

26

DEL MAESTRO

pizarrón o en una cartulina, un calendario de la semana anterior, lo suficientemente grande para que en cada día los niños puedan dibujar una escena.

Memorización: *Proverbios 19:6*. Prepare treinta tarjetas de cinco por diez centímetros. Use quince para escribir en cada una, las distintas palabras que forman el texto para memorizar. En las otras dibuje las figuras que forman la clave que aparece en la página 4 de la Hoja de Trabajo.

Juego: "Busco para ti". El propósito de este juego es hacer vivir a los alumnos una experiencia agradable de compartir. Esconda en el salón de clase tantos caramelos o dulces como niños haya en el grupo.

Música: Haga una lista de los cantos usados en la serie.

Conversación: Relacionada con el juego.

Estudio de la Biblia: *2 Samuel 9:1-13*. Lea durante la semana varias veces este pasaje. Marque en su Biblia las frases que indican que David actuó amigablemente con Mefi-boset por compartir con él. Este relato nos presenta una cualidad ejemplar de David: el hecho de que varios años después, y después de una amarga y sangrienta guerra, él se preocupó por buscar y ayudar al hijo de quien había sido su mejor amigo. Preparen un cartel como muestra la ilustración al final de la página 26.

Proyecto de la Unidad: *Llavero de la Amistad*. Lea las instrucciones de la página 9. Hoy harán un dibujo relacionado con el relato bíblico y escribirán el versículo de hoy.

Hacia la Meta: Resolverán dos casos que se encuentran en al página 4 de la Hoja de Trabajo.

CON LOS ALUMNOS

Trabajo.

Juego: "Busco para ti". Presente el título del juego y explique que cada niño debe buscar y encontrar en el salón algo especial que está muy bien escondido; al encontrarlo lo debe entregar a un compañero y esperar, porque durante el juego otro niño va a compartir lo que él encuentre. Dirija el juego de manera que cada niño comparta y que cada uno reciba.

Música: Que los niños canten sus canciones favoritas de la serie.

Conversación: Guíe un diálogo haciendo resaltar lo bueno que fue, durante el juego, recibir el caramelo o dulce que otro compañero les daba. Explique que eso es compartir: dar a otro lo que es nuestro.

Estudio de la Biblia: "David, un Amigo Que Compartió". Guíe a los niños a buscar en la Biblia 2 Samuel 9:1-13. Haga las siguientes preguntas para que los alumnos encuentren las respuestas en el v. 13. ¿Quién vivía en Jerusalén? ¿Cómo tenían sus pies? ¿Dónde comía?, anote las respuestas en el pizarrón. Pregunte: ¿por qué comía en la mesa del rey? Anuncie que para dar la respuesta, usted será Mefi-boset. Use el diálogo que aparece en las páginas centrales de la Hoja de Trabajo. Resalte las acciones amigables de David al compartir con Mefi-boset. Haga referencia al cartel que preparó. Guíelos a descubrir otras maneras de compartir con los demás.

Proyecto de la Unidad: "Llavero de la amistad". Que cada niño escriba en la tercera parte de su llavero el texto de Proverbios 19:6. Lo puede hacer usando lápices de diferentes colores. Al reverso puede dibujar algo pertinente al estudio de hoy.

EVALUACION DEL PROCESO DE ENSEÑANZA-APRENDIZAJE

Cómo Comprobar los Resultados

En la página 4 de su Hoja de Trabajo hay dos casos de niños que deben decidir si comparten o no. Guíe a los niños a comentar y a resolver los casos. Anímeles a contar experiencias personales acerca de cuando les fue difícil compartir.

Oración: Pidiendo a Dios que les ayude a compartir aun en los momentos más difíciles.

SERIE: Amigos
UNIDAD 3: Ser Amigo Es...

10

SER AMIGO ES PERDONAR

BASE BIBLICA: Hechos 12:12, 25; 13:13; 15:37-39; Colosenses 4:10; 2 Timoteo 4:11
TEMA: Ser Amigo Es Perdonar
PARA MEMORIZAR: Efesios 4:32

▶ PLAN DE ENSEÑANZA

Qué Preparar Antes de la Clase

Meta de Enseñanza-Aprendizaje: El alumno demostrará su actitud de hacer suyo el ejemplo de perdonar a otros, por medio de de seleccionar, de tres situaciones, las escenas que demuestren actitudes de perdón y explicarlas a la clase.

Maestro: Un refrán que todos, en algún momento, hemos dicho o practicado, es "perdono pero no olvido". El perdón no es un hecho superficial; incluye no solamente olvido, sino a la vez actuar hacia la otra persona como si jamás nos hubiera ofendido. Perdonar no es fácil, pero la persona que sabe hacerlo es ricamente bendecida.

Actividad Introductoria: Escriba la palabra PERDONAR en una cartulina de diez por veinte centímetros y córtela en varios pedazos para que sea un rompecabezas. Haga lo mismo con la palabra OLVIDAR. Prepare para

▶ ACTIVIDADES DE APRENDIZAJE

Qué Hacer Durante la Clase

Al llegar sus alumnos, salúdelos. Hágales sentir su gozo porque han venido.

Actividad Introductoria: Que cada alumno, al llegar, arme los rompecabezas con las palabras PERDONAR Y OLVIDAR. Luego guíelos a armar sus propias "banderas" escribiendo estas palabras en uno de los lados. Coloquen las "banderas" para armar un Centro de Interés que lleve por título "Ser Amigo Es Perdonar".

Memorización: Presente a Pablo como el escritor del texto de Efesios 4:32. Entonces guíeles a encontrar el mismo texto en sus Biblias, a leerlo y a subrayarlo. Que completen la actividad "La Biblia Lo Dice" en la página tres de la Hoja de Trabajo.

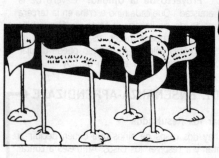

DEL MAESTRO

cada alumno los materiales necesarios para hacer una de las "banderas" que se ven en la ilustración.

Memorización: *Efesios 4:32*. Completarán la actividad de la Hoja del Alumno. Ayúdeles a comprender lo que es en sí el perdonar.

Conversación: Use el centro de interés para motivarla.

Música: "De Cristo Soy". No. 48 de Cantos Infantiles. Si aún no ha escrito este canto en un cartel, prepárelo hoy.

Estudio de la Biblia: Hechos 12:12, 25; 13:13; 15:37-39; Colosenses 4:10; 2 Timoteo 4:11. Son varios los pasajes que tendrá que estudiar para presentar el tema "Ser Amigo Es Perdonar". Los personajes principales son: Juan Marcos, Bernabé y Pablo. Comience a conocer quién era Juan Marcos, su participación en el viaje misionero con Bernabé y Pablo y cómo obró mal al abandonarlos. En Bernabé sobresale su espíritu de perdonar, olvidar y darle una nueva oportunidad a Juan Marcos. Y Pablo, ya en Roma, recibe a Juan Marcos y lo recomienda a los hermanos de Colosas para que lo reciban y atiendan bien. Además, le pide a Timoteo que le envíe a Juan Marcos porque él lo necesitaba: Pablo había perdonado y confiado una vez más en el amigo que lo había abandonado; Pablo olvidó lo que había pasado.

Use los rostros que aparecen en la Hoja de Trabajo para hacer unos títeres como se muestran en la ilustración al pie de la página.

Proyecto de la Unidad: *"Llavero de la Amistad"*. Consulte la página 9 de este libro.

Hacia la Meta: Los alumnos seleccionarán las actitudes de perdón representadas en la página 4 de la Hoja de Trabajo.

CON LOS ALUMNOS

Conversación: Dirija la conversación hacia el tema del estudio: "Ser Amigo Es Perdonar". Haga referencia al Centro de Interés que han armado y al significado de la palabra PERDONAR que es OLVIDAR.

Música: "De Cristo Soy". Al cantar, dé oportunidad para que los niños expresen cómo Jesús les ayuda a ser amigables en el barrio.

Estudio de la Biblia: "Ser Amigo Es Perdonar." Coloque dentro de su Biblia los títeres que preparó con los rostros de Juan Marcos, Bernabé y Pablo. Si no ha preparado los títeres, recorte los rostros que aparecen en la Hoja de Trabajo. Saque los personajes de la Biblia, haciendo notar que la historia de ellos está escrita allí. Reparta la Hoja de Trabajo y que cada niño lea para sí el relato ilustrado que está en las páginas centrales, a la vez que usted lo lee en voz pausada. Dirija al grupo para que entre todos presenten las secuencias de los hechos ocurridos entre Juan Marcos, Bernabé y Pablo. Haga notar una y otra vez la actitud de perdón de Bernabé y Pablo. Entregue los títeres para que los alumnos voluntarios representen a los personajes del relato. Que usen las "banderas" del Centro de Interés para que agitándolas "saluden" a los personajes cuando comiencen a actuar.

Repaso y Aplicación: Repitan nuevamente el versículo para memorizar. Haga preguntas para asegurarse de que los niños han comprendido lo que es el perdón.

Proyecto de la Unidad: *Llavero de la Amistad*. Que cada niño escriba en la cuarta parte de su llavero el texto de Efesios 4:32 y en el reverso: "PERDONAR es OLVIDAR.

Oración: Pidiéndole a Dios el valor necesario para perdonar a los demás.

➤ EVALUACION DEL PROCESO DE ENSEÑANZA-APRENDIZAJE ⬅

Cómo Comprobar los Resultados

Para cumplir la meta que aparece en el principio del estudio y hacia la cual estuvieron dirigidas las actividades de la clase, use las ilustraciones que aparecen en la página 4 de la Hoja de Trabajo. Permita que en grupos de dos, los alumnos escojan y discutan uno de los casos presentados y que luego lo expliquen al grupo.

SERIE: Amigos
UNIDAD 3: Ser Amigo Es...

SER AMIGO ES SER AMABLE

BASE BIBLICA: Lucas 7:36-50
TEMA: Ser Amigo Es Ser Amable
PARA MEMORIZAR: Tito 3:2

Qué Hacer Durante la Clase

Al llegar sus alumnos, salúdelos. Ayúdelos a repasar los conceptos de los estudios anteriores acerca de lo que es un amigo.

Actividad Introductoria: Entregue a cada alumno al llegar algunas de las tarjetas que tienen las palabras que deben completar con las vocales. Guíelos a completarlas usando la clave del pizarrón. Que cada niño ilustre con un dibujo una escena imaginaria a la que se puede aplicar la palabra que completó. Cuando hayan quedado completas todas las tarjetas péguelas sobre el piso o el cartón según se ve en la ilustración. Esto se usará más delante para la meta del día.

Música: Divídalos en grupos de tres para que canten los cantos aprendidos.

Conversación: Use las escenas de la Hoja de Trabajo, página 4, para guiar la conversación y dramatización en relación con el tema

A	E	I	O	U
1	2	3	4	5

Un modelo de tarjeta es el siguiente:

M _ CH _ S GR _ C _ _ S
5   1   1   3   1

▶ PLAN DE ENSEÑANZA

Qué Preparar Antes de la Clase

Meta de Enseñanza-Aprendizaje: El alumno demostrará su actitud de hacer suyo el ejemplo de ser amable con otras personas, como una cualidad de la amistad, por medio de participar con el grupo en un juego de acciones amables.

Maestro: Los niños de esta edad, aunque son muy "amigueros", a veces les cuesta ser amables. Ayúdeles a reconocer que el "ser amable" es una señal de niños grandes y educados, y que el no serlo es una manera de lastimar a los demás.

Actividad Introductoria: Escriba en tarjetas de cinco por diez centímetros cada una de las siguientes palabras o expresiones: MUCHAS GRACIAS, ¿ME PERMITE?, POR FAVOR, BUENOS DIAS, BUENAS TARDES, BUENAS NOCHES, ADIOS, ¿COMO ESTA US-

▶ ACTIVIDADES DE APRENDIZAJE

"Ser Amigo Es Ser Amable".

Estudio de la Biblia: *Lucas 7:36-50.* Dirija a los niños para que busquen en sus Biblias Lucas 7:36-50. Guíelos a leer el pasaje para descubrir quiénes son los personajes principales de la historia. Al presentar el relato, recuerde hacer resaltar la actitud bondadosa de Jesús en aceptar a una mujer despreciada por muchos y la bondad de la mujer de dar a Jesús un perfume de gran precio, ungir sus pies y secarlos con sus cabellos. También el saludo de Jesús al despedirla fue una demostración de su bondad.

Una Mujer Amable

Un día, un hombre importante llamado Simón invitó a Jesús a comer en su casa. Jesús aceptó la invitación, fue a la casa de Simón y se sentó a la mesa listo para comer.

DEL MAESTRO

TED?, ¡DISCULPE! Reemplace cada letra vocal por un número según la clave, que debe escribir en el pizarrón: A E I O U Un modelo de tarjeta está al pie de esta página. Lleve a la clase un cartón grande y cinta de pegar para fijar sobre él las tarjetas. Si no consigue cartón, se podrán fijar las tarjetas sobre el piso. Confeccione con tela una pequeña bolsa y llénela de arena o semillas.

Música: El tema de este estudio es una buena oportunidad para repasar los cantos aprendidos.

Conversación: Observe detenidamente las escenas de la página 4 de la Hoja de Trabajo y estúdielas en relación con el tema de este estudio "Ser Amigo Es Ser Amable". Decida cómo guiar a sus alumnos a dramatizarlas.

Estudio de la Biblia: *Lucas 7:36-50.* Lea varias veces este relato en su Biblia para señalar las actitudes de los tres personajes: Simón, Jesús y la mujer, en relación con el tema "Ser Amigo Es Ser Amable". Simón fue amable en invitar a Jesús a su casa, pero no lo recibió amablemente según las costumbres de la época. La mujer actuó libremente demostrando su amor y completa bondad hacia Jesús quien le aceptó e hizo notar sus actos bondadosos.

Memorización: *Tito 3:2.* Los alumnos completarán la actividad de la página 3 en la Hoja de Trabajo.

Proyecto de la Unidad: *"Llavero de la Amistad".* Lea las instrucciones en la página 9 de este libro.

Hacia la Meta: Serán necesarios los materiales sugeridos en la Actividad Introductoria para cumplir la meta.

CON LOS ALUMNOS

Una mujer que vivía cerca de allí, cuando supo que Jesús estaba en la casa de Simón, decidió ir a verlo. Ella había escuchado mucho de las enseñanzas de Jesús, las cuales le habían ayudado mucho. Ella quería expresarle su agradecimiento y su amor.

Ella llegó a la casa, llevando un frasco lleno de perfume caro. Llorando se puso a los pies de Jesús y comenzó a bañarlos con lágrimas. Luego los secó con sus cabellos, los besó y derramó sobre ellos el perfume. Haciendo esto, la mujer quiso ser amable con Jesús y demostrarle que lo amaba.

Simón observó todo lo que pasaba. Vio que la mujer fue amable con Jesús, y que Jesús se agradó de lo que ella le había ofrecido.

Jesús miró a Simón y se dio cuenta de que él pensaba mal de esta bondadosa mujer. Entonces mirando a la mujer, Jesús dijo a Simón: "¿Ves esta mujer?" Entré en tu casa y no me diste agua para mis pies, en cambio, esa mujer me ha bañado los pies con sus lágrimas y los ha secado con sus cabellos. No me besaste, pero ella, desde que entré, no ha dejado de besarme los pies. No me pusiste aceite en la cabeza, pero ella ha derramado perfume sobre mis pies.

Simón no había sido amable con Jesús cuando él llegó a su casa. Jesús le enseñó a Simón que esa mujer, sí había sido amable con él. Jesús aceptó el amor y la bondad de esta mujer; la despidió diciéndole "Vete tranquila."

Relato basado en Lucas 7:36-50

Memorización: *Tito 3:2.* Guíe a sus alumnos a realizar la actividad de la página 3 de la Hoja de Trabajo. Coméntenlo juntos.

Proyecto de la Unidad: Complete la tercera parte de este proyecto, según las instrucciones de la página 9 de este libro.

➤ EVALUACION DEL PROCESO DE ENSEÑANZA-APRENDIZAJE ◄

Cómo Comprobar los Resultados

Para participar en el juego de acciones amables, usarán el material preparado en la Actividad Introductoria. Como lo ilustra el dibujo, cada alumno arroja la bolsa sobre las tarjetas. La tarjeta sobre la cual cayó la bolsa dirá al participante qué palabra o expresión amable usará para presentar una situación en la cual debe usarse dicha frase. Por ejemplo: Hoy, al llegar al templo, saludé al pastor diciéndole: "BUEN DIA", etc.

SERIE: Amigos
UNIDAD 3: Ser Amigo Es...

12

SER AMIGO ES ACEPTARLOS COMO SON

BASE BÍBLICA: Lucas 15:11-24
TEMA: Ser Amigo Es Aceptar a Otros Como Son
PARA MEMORIZAR: 1 Juan 4:11

▶ PLAN DE ENSEÑANZA

Qué Preparar Antes de la Clase

Meta de Enseñanza-Aprendizaje: El alumno demostrará su actitud de hacer suyo el ejemplo de aceptar a las personas como son, como una cualidad de la amistad, por medio de describir a un compañero y decirle que así como es lo ama.

Maestro: El tema de este estudio es "Ser Amigo Es Aceptar a Otros Como Son", y no tenemos duda en afirmar que Lucas 15:11-24 describe admirablemente cómo nos acepta Dios. Aprenda de la actitud del hijo al acercarse a Dios con espíritu humillado y en búsqueda de su protección. Ruegue a Dios que le haga sentir y gozar de su amor obrando en su vida, y entonces sí estará usted

▶ ACTIVIDADES DE APRENDIZAJE

Qué Hacer Durante la Clase

Al llegar sus alumnos, salúdelos. Juntos repasen acerca de lo que han aprendido acerca de lo que es "Ser Amigo".

Actividad Introductoria: *Memorización 1 Juan 4:11.* Dirija a sus alumnos a encontrar el versículo en sus Biblias, a leerlo y a subrayarlo. Explique a los niños "cómo Dios nos ha amado" y dé ejemplos sencillos de cómo nosotros podemos mostrar ese mismo amor. Entonces, reparta los materiales men-

cionados en la sección de Planes. Los niños, entre todos, deberán cortar diez corazones y en cada uno, con lápices de colores, escribir una de las palabras del versículo. Pintarán los corazones de diferentes colores, y después los unirán con el hilo. Pueden atarlos entre las sillas en las que ellos se van a sentar, como lo muestra la ilustración al pie de la página.

Música: Coloque el cartel o señale el pizarrón donde tiene escrita la canción "Buenos Amigos". Para hacer más grato este momento musical, pida que la canten alum-

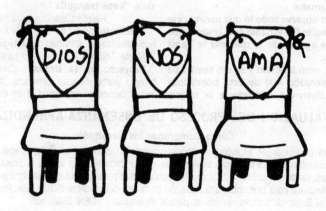

32

DEL MAESTRO

listo para enseñar a sus alumnos acerca del amor de Dios.

Actividad Introductoria: *Memorización: 1 Juan 4:11.* Prepare lápices de colores, hilo grueso, hojas blancas de papel y tijeras. Para poder dirigir eficientemente el ejercicio de Memorización, será necesario hacer con anticipación el ejercicio.

Conversación: Hablen sobre el tema "El Amor de Dios". Prepárese para presentar de una manera sencilla el gran hecho de que Dios les ama y acepta como son.

Música: *"Buenos Amigos".* La letra y música de este canto están en la página 133 de este libro. Prepárelo de la manera acostumbrada en un cartel.

Estudio de la Biblia: *Lucas 15:11-24.* Este relato, conocido comúnmente como el del "Hijo Pródigo" muestra las actitudes de un padre y de un hijo. Lo que sobresale, en este caso, son las actitudes de amor de un padre lleno de bondad, perdón, compasión y aceptación.

Escriba en hojas grandes de papel las siguientes preguntas: ¿Qué pidió el hijo menor? ¿Dónde se fue? ¿Qué clase de vida llevó? ¿Qué trabajo hizo? ¿Qué decidió? ¿Qué hizo el padre cuando lo vio? ¿Qué dijo el padre a los siervos? ¿Qué comenzaron a hacer?

Proyecto de la Unidad: *"Llavero de la Amistad".* Vea las instrucciones en la página 9 de este libro. Asegúrese de tener todo el material listo.

Hacia la Meta: Haga una lista de parejas afines, de los miembros de su clase.

CON LOS ALUMNOS

nos voluntarios, luego en grupos de dos o tres, divididos entre niñas y varones y todo el grupo. Sería muy bueno si los alumnos escuchan a sus maestros cantar especialmente para ellos.

Conversación: Vuelvan al tema del amor de Dios. Pregunte a sus alumnos por qué sienten que Dios les ama. Muchas veces los alumnos repiten frases que han oído de los adultos, pero sin realmente entender lo que están diciendo. Guíeles a comprender y a conocer las maneras en que Dios manifiesta su amor para con nosotros.

Estudio de la Biblia: Así Como Eres. Lucas 15:11-24. Presente escrito en el pizarrón el tema "Ser Amigo Es Aceptar a Otros Como Son". Que los niños señalen en su Hoja de Trabajo, una frase con el mismo significado. ¿Cuántas veces está escrita en la Hoja? Guíelos a pensar acerca de, ¿cómo ama y acepta Dios? Presente la historia que está en las páginas centrales en la Hoja de Trabajo.

Guíelos a que cada uno la lea para encontrar respuesta a las preguntas que usted les mostrará. Recuerde hacer mucho hincapié en el amor de Dios, su perdón y su actitud constante de espera para recibirnos. Aproveche este tema para guiar a los niños a acercarse a este Dios de amor.

Repaso y Aplicación: Repasen los asuntos fundamentales de la lección. Diga que nuestra manera de responder al amor de Dios es aceptar a su Hijo como nuestro amigo y Salvador. Permita un tiempo de preguntas, si las hay.

Dramatización: Que voluntarios dramaticen el relato bíblico.

Proyecto de la Unidad: *"Llavero de la Amistad".* Complete la última parte de este proyecto, según las instrucciones de la página 9 de este libro. No entregue los llaveros hasta la próxima semana.

Oración: De gratitud porque Dios nos ama y acepta como somos.

EVALUACION DEL PROCESO DE ENSEÑANZA-APRENDIZAJE

Cómo Comprobar los Resultados

Explique a los alumnos que ahora ellos expresarán lo que aprendieron del amor y la aceptación a otras personas. Use la lista de parejas y pídales que uno a otro se describan y se digan que se aman así como son.

ESTUDIO DE REFORZAMIENTO

13

SER AMIGO ES

BASE BIBLICA: Repaso General

PARA MEMORIZAR: Todos los Versículos de la Serie

➤ PLAN DE ENSEÑANZA

Qué Preparar Antes de la Clase

Meta de Enseñanza-Aprendizaje: El alumno demostrará su actitud de hacer suyos los ejemplos de los personajes bíblicos estudiados, por medio de participar voluntariamente en la clase de dos actividades de evaluación y reforzamiento.

Maestro: Con este programa de Evaluación y Reforzamiento estamos cerrando la Serie de "Amigos". El Objetivo de la serie fue: Guiar al alumno a imitar los ejemplos de los personajes bíblicos que actuaron amigablemente en su comunidad. Todos y cada uno de los temas y sus correspondientes metas e indicadores estuvieron orientados para que en forma gradual y progresiva el alumno lograra alcanzar el objetivo.

La meta de Enseñanza-Aprendizaje para esta última clase va relacionada con el objetivo de la serie, y el indicador de la misma señala que el alumno participará voluntaria-

➤ ACTIVIDADES DE APRENDIZAJE

Qué Hacer Durante la Clase

Al llegar sus alumnos, reciba a cada uno amigablemente, converse personalmente con ellos acerca del lugar donde viven, de sus amigos y de las demás personas que forman su comunidad.

Arreglo del Salón: Prepare una exposición con los trabajos que los alumnos realizaron en los distintos proyectos. Use las láminas de las Hojas de Trabajo para formar un mural recordatorio de lo estudiado durante la serie.

Invitados Especiales: Que los niños visitantes sean presentados por sus amigos.

Música: Que los niños en grupos de cuatro canten algunos cantos relacionados con la serie.

Memorización: Coloque en el centro del grupo el recipiente que usted preparó para esta actividad. Que cada niño tenga la oportunidad de arrojar una vez el aro hasta engancharlo en una de las pinzas. Al hacerlo, sacará una de las tarjetas y solo o en grupo cumplirá lo que en ella se le pide que haga.

Estudio de la Biblia: Cada alumno debe meter su mano dentro de una de las bolsitas, sacar una tarjeta y hacer delante del grupo lo que se le asigna que haga. Si el niño tiene dificultad en hacer lo que se le pide, colocará

Relata cómo ayudó la niña al Capitán Naamán

34

DEL MAESTRO

mente de las actividades de evaluación y reforzamiento. Por estas razones usted, como maestro, debe hacer un repaso personal de los estudios del trimestre para relacionar cada una de las actividades de este programa con la meta del día y así logrará evaluar y reforzar su trabajo de enseñanza y el aprendizaje de los alumnos.

Arreglo del Salón: Que cada alumno identifique su trabajo y que, en grupos de tres, compartan lo que hicieron y qué aprendieron acerca de ser amigos.

Invitados Especiales: Pida con anticipación que los alumnos inviten a sus amigos del barrio para estar presentes en la clase.

Música: Tenga a mano los himnos y cantos usados durante la serie.

Memorización: Prepare un recipiente como lo muestra la ilustración y coloque en cada pinza o broche una tarjeta con alguna de las actividades de memorización usadas durante la serie. Otras tarjetas pueden pedir que se repitan de memoria algunos versículos.

Estudio de la Biblia: Para esta actividad prepare doce bolsitas como muestra la ilustración. Coloque dentro de cada una tarjetas con preguntas o actividades relacionadas con uno de los relatos bíblicos presentados durante la serie.

Hoja del Alumno: Los alumnos completarán el crucigrama, que también representa un repaso general.

Repaso y Aplicación: Dirija a sus alumnos a hablar de cómo pueden aplicar a su propia vida los ejemplos de los personajes bíblicos.

Hacia la Meta: Todo el estudio incluye actividades de evaluación. Guíe a sus alumnos a cumplirlas lo mejor que puedan, de buen ánimo y sin presiones.

Fiesta de Amigos: Dirija uno o dos juegos sencillos. En un ambiente de alegría y amistad sirvan los refrescos y las galletas.

CON LOS ALUMNOS

la tarjeta otra vez en la bolsa y sacará otra. Procure ayudar adecuadamente a cada uno según su necesidad para que todos puedan participar. Al terminar esta actividad, deberán completar el crucigrama que está en la Hoja de Trabajo. Guíeles y asesóreles cuando lo vea necesario.

Repaso y Aplicación: Dirija un diálogo abierto entre usted y los alumnos y entre los alumnos entre sí, recordando y repitiendo algunas de las enseñanzas principales de esta serie de estudios que hoy termina. Relacione los objetivos de las unidades con los temas de cada estudio con las vivencias diarias de los niños. Entonces, dé ejemplos específicos de personajes bíblicos, y pregunte a diferentes niños cómo podemos imitar sus ejemplos. Por ejemplo, mencione el nombre de David. Pregunte a un niño qué fue lo que hizo David, y a otro, cómo podemos imitar este ejemplo. Procure que todos participen.

Oración: De gratitud por los personajes de la Biblia que nos dan buenos ejemplos a imitar y por nuestras propias amistades, que sepamos ser buenos amigos de ellas.

Fiesta de los Amigos: Dirija uno o dos juegos sencillos. En un ambiente de alegría y amistad sirvan los refrescos y las galletas.

EVALUACION DEL PROCESO DE ENSENANZA-APRENDIZAJE

Cómo Comprobar los Resultados

Durante todas las actividades, los maestros debieron estar observando y evaluando el aprendizaje de los niños. ¿Hasta qué grado demostraron haber aceptado los conceptos presentados? ¿Cómo demostraron su deseo de imitar a los personajes bíblicos?

Recuerde: No puede esperar todos los resultados inmediatamente después de su enseñanza, pero su labor de maestro no ha terminado. Continúe guiando a sus alumnos en estos principios aun cuando estén estudiando otras series.

CARTA AL MAESTRO

Apreciado maestro:

Durante este trimestre corresponde estudiar sobre el módulo CREACION. Que sus conocimientos, sentimientos y todo su ser completo se inclinen ante la maravilla de la creación de Dios será la mejor actitud para hacer del estudio de esta serie titulada ASI LO HIZO DIOS, una experiencia inolvidable para sus alumnos y para usted.

La serie consta de tres unidades, todas con el propósito de llevar al alumno a comprender que la creación fue hecha y dirigida por Dios.

En la unidad 1, se presenta cada día de la creación de Dios en una forma por demás detallada e interesante para el niño. En la unidad 2, se presenta el control que tiene Dios sobre su creación. En la unidad 3, se presenta al niño la enseñanza de que toda la creación de Dios fue una obra de amor y de la cual Dios tiene cuidado ahora.

Considere el artículo sobre cómo usar adecuadamente los auxiliares en la enseñanza bíblica y los proyectos especiales sugeridos para la serie.

Que el Señor le guíe y prepare durante el desarrollo de estos estudios es mi anhelo.

MODULO: CREACION

SERIE: ASI LO HIZO DIOS

Objetivo General de la Serie: Esta serie está diseñada para que el alumno comprenda que la creación fue hecha y dirigida por Dios y que él muestra su amor y cuidado.

Escriba aquí la fecha en que se usará cada estudio.

_____
_____
_____
_____
_____
_____
_____

UNIDAD 1: TODO EN ORDEN

Objetivo de la Unidad: Esta unidad está diseñada para que el alumno comprenda que hay orden en la creación hecha por Dios, porque él muestra su amor y cuidado.

1. Primer Día: El Día y la Noche
2. Segundo Día: Los Cielos
3. Tercer Día: Tierra, Mares, Hierbas, Arboles y Frutos
4. Cuarto Día: Sol, Luna y Estrellas
5. Quinto Día: Peces y Aves
6. Sexto Día: Los Animales y el Hombre
7. Séptimo Día: Descanso

_____
_____
_____

UNIDAD 2: TODO BAJO SU DIRECCION

Objetivo de la Unidad: Esta unidad está diseñada para que el alumno comprenda que la creación es dirigida por Dios.

8. Toda la Creación Necesita el Cuidado de Dios
9. Toda la Creación Se Relaciona y Necesita entre Sí
10. La Creación Necesita la Ayuda del Hombre

_____
_____

UNIDAD 3: TODO POR AMOR

Objetivo de la Unidad: Esta unidad está diseñada para que el alumno comprenda que a través de la creación Dios manifiesta su amor y cuidado.

11. Las Aves Muestran el Amor y el Cuidado de Dios
12. Las Flores Muestran el Amor y el Cuidado de Dios

_____

ESTUDIO DE REFORZAMIENTO

13. Gracias Dios por Tu Creación

El Uso de Auxiliares en el Proceso de Enseñanza-Apendizaje.

A su manera de ver, ¿cuál sería la situación ideal de la enseñanza? Al preguntar a un grupo de maestros, ellos hicieron el siguiente listado: 1.- Lograr que los alumnos de nuestra clase se impacten con el tema a tratar. 2.- Que participen todos sin excepción. 3.- Que mantengan durante largo rato la atención. 4.- Que busquen por sí mismos todos los aspectos del tema tratado. 5.- Que el aprendizaje les produzca satisfacción.

Usted dirá que lograr todos estos aspectos en una sola clase no es posible, pero sí lo es. Si usted provee experiencias directas a sus alumnos, ellos aprenderán "con todas las de la ley", aunque esto no siempre sea fácil. Si usted va a enseñar sobre los frutos de la tierra, por ejemplo, lo ideal sería llevar a los chicos a un huerto de manzanas, peras, plátanos o uvas; así los chicos tocan la fruta, la ven por todos lados, la saborean, la huelen, e incluso oyen el sonido particular al arrancarla del árbol o golpearla con los dedos. Los cinco sentidos básicos actuarán en una experiencia directa para fijar en la mente lo experimentado en esa oportunidad. Soltemos, entonces, la imaginación: Si va a enseñar sobre los viajes de Pablo, lo mejor sería tomar un barco en el lugar de origen y hacer el viaje "en directo" con todo el grupo de su clase, recorriendo la ruta del apóstol. Si va a hablar sobre la vida de Jesús, lo ideal sería dar las clases directamente en Jerusalén, Belén, el mar de Galilea, el río Jordán.

Pero, ¡ese privilegio lo tienen muy pocas personas en el mundo ¿Qué hacer entonces? Lo que hay que hacer es buscar suficientes auxiliares en qué apoyarse, para que la experiencia sea lo más real posible.

Las técnicas modernas de enseñanza y aprendizaje han refinado cada vez más lo que llamamos "los auxiliares en la enseñanza del aprendizaje". Estos auxiliares comprenden materiales didácticos, talleres de trabajo, audiovisuales y simulaciones. Todo auxiliar de la enseñanza y aprendizaje es usado con el propósito de llevar al salón de clase la proyección de la experiencia sobre el tema que se está tratando: Si usted va a enseñar sobre los viajes de Pablo, probablemente no puede hacer el viaje, pero sí puede llevar unos buenos mapas, con pequeñas figuras que ilustren los lugares visitados por Pablo. Si va a hablar sobre la vida de Jesús, no podrá hacer el viaje a Jerusalén, pero sí puede auxiliarse con un audiovisual o unas figuras que ilustren el nacimiento de Jesús y tal vez unos cuadros de la Tierra Santa.

¿Ve usted, entonces, que éstos pueden ser buenos auxiliares en la enseñanza? Mapas, fotos, películas, pizarra, franelógrafo, carteles, títeres...

Después de esta tabla sintética, describiremos algunos de los auxiliares más comunes (y por eso más accesibles) en las escuelas de nuestra época:

TIPO	AREA QUE CUBREN O ESTIMULAN	EJEMPLOS	EN QUE NOS AYUDAN
Material Didáctico	Capacidad sensorial en general. Permiten simular las cosas del mundo real.	Todo material trabajable con las manos: cartón, madera, colores de todo tipo, esponja, ramas de árbol, arena, semillas, etc.	Permiten crear objetos generando la proyección (aun abstracta) de lo aprendido.
Material Audio-Visual Especializado	La vista y el oído	discos y cassetes, películas y fotocopias, fotografías fijas, retroproyector.	Permiten trasladar sonidos e imágenes a la clase dando la sensación "más real" del tema tratado.
Material Audiovisual no especializado	La vista y el oído	Carteles, pizarra, dibujos, cantos, franelógrafo, títeres.	Igual que los anteriores dependen de la habilidad "no profesional" del que los hace.

Hablemos entonces de:
EL PIZARRON: Uno de los auxiliares de la comunicación más antiguos, pero de gran utilidad con grupos de diferentes tamaños.

El uso del pizarrón es ilimitado, según sea el ingenio del maestro. Será más efectivo cuando se combine con otros auxiliares.

EL FRANELOGRAFO: Es un tablero forrado de franela o fieltro. Su tamaño estandard es de 24 x 36 pulgadas. Es un buen auxiliar cuando se usa con habilidad, pues se vuelve tedioso cuando sólo el maestro habla y coloca figuras. El alumno se sentirá mejor si participa en la elaboración y colocación del material a usar.

CARTELES: Son de diferente forma y tamaño. Muy versátiles. Pueden ser elaborados de cartulina, papel, cartón, y permiten la combinación de casi toda clase de materiales.

En su elaboración se debe tener en cuenta el uso de figuras grandes, colores brillantes y poco texto.

TARJETAS Y TARJETEROS: De gran variedad y utilidad para actividades de memorización, estudio temático y evaluación. El maestro debe usar todo su ingenio para hacerlas atractivas. De diferente forma y colorido.

LOS TITERES: Hay de diferentes formas y estilos. Desde los más elaborados hasta los más sencillos: de guante, de papel, de cajas de cartón. Son de mucha ayuda en la expresión verbal, simulaciones, dramatizaciones, etc., y pueden ser hechos y manejados por los mismos alumnos.

Todos estos auxiliares sólo dan una ayuda en el Proceso de Enseñanza y Aprendizaje, de ninguna manera substituyen ni la preparación ni al maestro mismo.

El maestro debe hacer uso de todos los medios a su alcance para lograr el mejor éxito en su labor educativa, sin olvidar que el uso excesivo de cualquiera de ellos, provocará desinterés.

Elsa de Rousselin

PROYECTO PARA LA UNIDAD I - Así Lo Hizo Dios

Acordeón de la Creación: Esta actividad ayudará al niño a recordar lo que Dios hizo cada día.

Divida a lo largo una hoja de cartoncillo (50 X 70 centímetros) en tres partes (16^1⁄₂ cm. cada una) y córtelas. (De una hoja de cartoncillo se pueden hacer tres acordeones.)

Divida cada sección en 7 partes iguales (10 cm. cada una), marcándolas antes de doblarse. Hagan los dobleces como de acordeón en cada lugar marcado.

Con algo circular (con diámetro un poco más de un doblez) sobre una de las orillas del acordeón doblado marque el medio círculo y corte todos los dobleces juntos.

Las instrucciones se encuentran en la lección correspondiente.

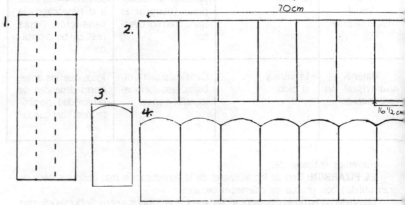

PROYECTO PARA LAS UNIDADES 2 y 3

Título: "Todo Bajo Su Dirección"
Descripción: Un libro circular, en forma de mapamundi, con dibujos que muestran la dirección de Dios sobre su creación.
Indicaciones:
Portada: Para cada libro, corte dos círculos de cartón azul claro—y usando un modelo, trace los contornos de los continentes (ver ilustración) para que quede como un mapamundi. Al interior, inserte 5 hojas en forma de círculo, de igual tamaño. En cada estudio, usarán una de las hojas para dibujar lo siguiente:
Estudio 8 dibujo de su estación favorita
Estudio 9-2 elementos naturales que se ayudan mutuamente
Estudio 10 dibujo de cómo el niño puede ayudar en el mundo de Dios
Estudio 11 pájaros alimentándose
Estudio 12 su flor favorita

Recomendaciones:
Si algún día desean hacer un recorte y pegado (por ejemplo, las flores y pájaros) en vez de dibujo, siéntanse en libertad de hacerlo. Además, anímeles a escribir siempre su versículo memorizado al pie de la página o al dorso.

Mural de la Creación: Con esta actividad el niño verá paso por paso cómo quedó el mundo al terminar cada día.

Las instrucciones se encuentran en la lección correspondiente.
Los materiales que se necesitan y cómo prepararlos son como sigue:

1er día -
2 cartoncillos (50 X 70 centímetros) blanco y negro; corte como se indica:

2º día -
2 cartoncillos de azul claro y azul oscuro; corte el azul oscuro igual al negro (1er día).

azul claro

3er día -
2 cartoncillos color café y verde; papel brillante de azul verde; corte el cartelón café a lo largo dándole forma de la tierra; corte el verde igual; prepare dos lagos iguales del azul verde. Prepare figuras de árboles, plantas y flores.

4º día - Los niños cortarán figuras del sol, luna y estrellas.

5º día - Prepare figuras de animales que viven en el agua y de aves.

6º día - Prepare figuras de animales de la tierra y del hombre.

7º día - Día de descanso; no se agrega nada más.

SERIE: Así Lo Hizo Dios
UNIDAD 1: Todo en Orden

ASI COMENZO

BASE BIBLICA: Génesis 1:1-5
TEMA: Primer Día: El Día y la Noche
PARA MEMORIZAR: Génesis 1:1, 3a, 5a

▶ PLAN DE ENSEÑANZA
Qué Preparar Antes de la Clase

Meta de Enseñanza-Aprendizaje: El alumno demostrará su comprensión del orden en que todas las cosas fueron creadas por Dios, por medio de repetir en la clase Génesis 1:1, 3a, 5a.

Maestro: Nuestra nueva serie, "Así Lo Hizo Dios", tiene por objeto que los niños lleguen a apreciar la creación hecha y dirigida por Dios.

Además de las actividades aquí sugeridas, piense en otras actividades que, según el ambiente físico en que se encuentran, podrían desarrollarse. ¿En qué época o estación del año están? Por ejemplo: si es otoño, pueden hacer una colección de hojas, si es primavera, de flores.

Ayude a sus niños a que desde ahora, reconozcan a Dios como el Creador Supremo de todo lo hermoso que hay en este mundo.

Centro de la Naturaleza: Lleve a la clase hojas de árbol, flores, semillas, piedras y otros objetos de la naturaleza. Colóquelos en una mesa.

Mural Bíblico: El Huerto de Edén (CBP

▶ ACTIVIDADES DE APRENDIZAJE
Qué Hacer Durante la Clase

Al llegar sus alumnos, salúdeles. Diríjales al *Centro de la Naturaleza* para que observen los objetos que tiene allí. Si consiguió el *Mural Bíblico: El Huerto de Edén,* que los niños lo comiencen a pintar.

Actividad Introductoria: Paseo al Aire Libre. Anuncie a los alumnos que saldrán de paseo para coleccionar más objetos de la naturaleza. Entregue a cada niño una bolsa. Deberán recoger objetos como hojas, piedras y ramitas. Al regresar, los niños distribuirán en el *Centro* lo que han traído.

Música: "Grandes Cosas." Comenten sobre cómo ha quedado el Centro de la Naturaleza y pregunte cómo podemos expresar nuestra gratitud a Dios por lo que él ha hecho. Entonces, usando la cartulina que preparó, canten "Grandes Cosas".

Conversación: Hablen del paseo que han tomado y de todo lo hermoso que nos rodea. Haga hincapié en que todo esto ha sido creado por Dios para nosotros.

El Comienzo de Algo Hermoso

Estudio de la Biblia: *Génesis 1:1-5.* Para iniciar el estudio pregunte. ¿Qué es lo primero que se hace al construir una casa? (Se hace un plan para saber cómo va a quedar la casa.) Dios tenía un plan para hacer el mundo. Fue un plan muy ordenado. Entregue a sus alumnos sus Hojas de Trabajo y en las

DEL MAESTRO

38567). Haga todo lo posible por conseguirlo. Colóquelo en la pared, para que los niños que lleguen temprano puedan pintarlo cada domingo, antes de que empiecen las actividades de la clase.

Actividad Introductoria: Haga planes de dar un pequeño paseo por las calles alrededor del templo con los niños. Lleve bolsas de papel o de plástico para que los niños coleccionen objetos para el Centro de la Naturaleza.

Música: "Grandes Cosas", Núm. 68; "La Creación", Núm. 1, ambos de *Cantos Infantiles*. En la página 132 de este libro se explica como preparar e ilustrar los cantos de una manera sencilla y atractiva para los niños. Prepare cartulinas con los cantos siguiendo estas instrucciones.

Conversación: Hablarán de las experiencias de su paseo.

Estudio de la Biblia: Génesis 1:1-5. Lea todo el capítulo 1 de Génesis. Procure captar la sabiduría de Dios al crear el mundo en tal orden. En los siguientes siete estudios, la Hoja de Trabajo tendrá la narración de la creación según la Biblia, Versión Popular: Dios Habla Hoy. La historia está narrada en una manera tan sencilla, que los niños con facilidad lo podrán leer y compartir. Prepare tres cuadros. Uno de la tierra desordenada, otro del cielo de día y otro del cielo de noche (sin incluir las lumbreras).

Mural de la Creación: El propósito del mural es que el niño vea cómo quedó el mundo al terminar cada día. Prepare los dos cartoncillos según las instrucciones al final de esta página. Se usará en combinación con el estudio bíblico.

Memorización: *Génesis 1:1, 3a, 5a.* Durante esta serie, se tendrá la memorización al final del Estudio de la Biblia, por ser las partes memorizadas parte del Estudio Bíblico. Hoy completarán la página 4 de la Hoja del Alumno.

Proyecto de la Unidad: *Acordeón de la Creación.* Prepare uno para cada niño según las instrucciones de la página 40 de este libro.

Hacia la Meta: Será la repetición del versículo para memorizar.

CON LOS ALUMNOS

páginas centrales, lean Génesis 1:1-5. Cuando hayan terminado de leer explíqueles brevemente cómo fue la creación del mundo desde un principio. Usando los cuadros que preparó, destaque:

1. Cómo estaba el mundo al principio (desordenado y oscuro).
2. El hecho que Dios hizo que hubiera luz, llamándolo "día".
3. El hecho que Dios también hizo que hubieran períodos de oscuridad, llamándolos "noche".
4. Destaque que Dios tenía un plan al hacer todo en tal orden.

Mural de la Creación. Coloque en la pared las dos cartulinas sugeridas. Pregunte a los niños cómo se llamaba la luz y cómo la oscuridad. Dígales que la cartulina blanca representa la luz, y la negra la oscuridad. Mencione que en cada estudio agregarán algo al mural.

Memorización: *Génesis 1:1, 3a, 5a.* Abran sus Biblias en el texto y léanlo en voz alta. Subrayen lo que van a memorizar para facilitar el aprendizaje. Entonces guíeles a completar la actividad de la página 4 de la Hoja de Trabajo.

Repaso y Aplicación: Pregunte a los niños por qué creó Dios el día y la noche. —hágales notar la sabiduría de Dios— y el hecho que aunque aún no había creado a los animales y al hombre, ya estaba planeando períodos de descanso y trabajo para ellos. Diríjales a completar la actividad de la página 3 de la Hoja de Trabajo.

Proyecto de la Unidad: *"Acordeón de la Creación":* Entregue a cada niño un acordeón. En el primer doblez del lado izquierdo dibujarán algo que Dios creó el primer día. Detrás escribirán el versículo que memorizaron.

Oración: De gratitud a Dios porque creó el mundo, el día y la noche.

EVALUACION DEL PROCESO DE ENSEÑANZA-APRENDIZAJE
Cómo Comprobar los Resultados

Pida a los niños que repitan los versículos para memorizar: Génesis 1:1, 3a, 5a individualmente. Al hacerlo, que señalen las cartulinas que representan el día y la noche.

SERIE: Así Lo Hizo Dios
UNIDAD 1: Todo en Orden

2

CIELOS Y AGUA

BASE BIBLICA: Génesis 1:6-8
TEMA: Segundo Día: Los Cielos
PARA MEMORIZAR: Génesis 1:6a y 8a

▶ PLAN DE ENSEÑANZA

Qué Preparar Antes de la Clase

Meta de Enseñanza-Aprendizaje: El alumno demostrará su comprensión del orden en que todas las cosas fueron creadas por Dios, por medio de completar un crucigrama.

Maestro: Durante toda esta serie, haga un esfuerzo especial para que los niños gocen y disfruten de las maravillas de la creación. Recuerde, que algunos niños aún no estudian Ciencias Naturales en sus escuelas, pero cuando llegue el momento, lo más probable es que ni siquiera se les mencione a Dios como creador. Por eso, es de vital importancia que usted como su maestro, ponga énfasis en Dios como Creador, hasta formar en ellos

▶ ACTIVIDADES DE APRENDIZAJE

Qué Hacer Durante la Clase

Al llegar sus alumnos, salúdeles. Invítelos a que observen los dibujos de nube que ha colocado en el Centro de la Naturaleza. Si tiene el Mural Bíblico: *El Huerto de Edén*, los niños pueden pintarlo mientras que comienzan las actividades de la clase.

Actividad Introductoria: *Dibujo de nubes.* Entregue a cada niño una hoja de papel azul claro y gis (tiza) para que dibujen las diferentes formas de nubes que se observan en el cielo.

Música: *"Grandes Cosas".* Diga a los niños que mencionen cosas que Dios ha hecho. Inmediatamente señale el *Centro de la Naturaleza*, para que mencionen los objetos que allí están.

Conversación: Muestre la portada de la Hoja de Trabajo y hablen de lo que se puede observar en el cielo. Converse con los niños acerca de cómo se pone el cielo con las tormentas y durante las diferentes estaciones del año. Pregunte también acerca de sus experiencias en el mar, los ríos, lagos etc.

Estudio de la Biblia: *Génesis 1:6-8.* Pregunte a los niños qué fue lo que Dios creó el primer día. Si necesitan ayuda para recordar, señáleles el *Mural de la Creación*. Entonces, entregue las Hojas de Trabajo, para que todos lean en voz alta el pasaje bíblico indicado en la página 2 de la Hoja del Alumno. Relate la historia como sigue:

azul claro

DEL MAESTRO

una verdadera convicción.

Centro de la Naturaleza: Consiga cuadros de nubes (o prepárelos) y colóquelos en el Centro de la Naturaleza.

Actividad Introductoria: *Dibujo de nubes.* Se necesitarán hojas de papel azul claro y lápices o tizas (gises) blancos.

Música: Se cantarán las mismas canciones aprendidas la semana anterior. Tenga listas las cartulinas con la música preparadas anteriormente.

Conversación: Hablarán del cielo, las nubes, y el mar.

Estudio de la Biblia: Génesis 1:6-8. "Aguas Que Obedecieron". Vuelva a leer cuidadosamente la historia de la creación en Génesis 1: Lea también los Salmos 102:25; 104:1-4. Este estudio trata de cómo Dios separó el cielo y el agua.

Mural de la Creación: Prepare las cartulinas para ilustrar lo creado el segundo día (ver ilustración pág. 44).

Memorización: *Génesis 1:6a, 8a.* Escriba el versículo en una cartulina azul celeste. Haga de papel una nube blanca con qué cubrir palabras clave.

Hacia la Meta: En la página 4 de la Hoja de Trabajo, se encuentra el crucigrama que ellos deberán completar.

CON LOS ALUMNOS

Aguas Que Obedecieron

Poco a poquito se iba la oscuridad y llegaba la luz que Dios había creado el primer día. Así comenzó el segundo día de la creación.

¿Sabes lo que Dios hizo el segundo día? De acuerdo con su plan para nuestro hermoso mundo, Dios dijo: "Haya expansión (o espacio) en medio de las aguas, para hacer el espacio. Dios dijo que se separaran las aguas en dos partes. Así las aguas formaron nubes, para adornar el cielo, y los mares salados, donde después vivirían los peces que Dios pensaba crear.

En el cielo Dios puso el aire que iba a ser tan necesario para las plantas, animales y el hombre. Las nubes del cielo serían como almacenes de agua.

Todo lo que Dios creó ese segundo día, seguramente lo hizo pensando en que quería tener un mundo hermoso para ti y para mí.

Relato basado en Génesis 1:6-8

Mientras relata la historia, coloque, en el momento apropiado, en el mural las cartulinas que representan el cielo y las aguas.

Memorización: *Génesis 1:6a, 8a.* Guíe a sus alumnos a encontrar ese pasaje en sus Biblias, a leerlo y subrayarlo. Muéstreles el cartel con el versículo escrito. Pídales que lo lean, y con la nube, vaya tapando palabras clave. Hágalo así hasta que lo memoricen.

Repaso y Aplicación: Que los alumnos contesten las actividades en las páginas centrales de su Hoja.

Proyecto de la Unidad: *Acordeón de la Creación:* Reparta los acordeones y pídales que en el segundo doblez ilustren lo que Dios creó el segundo día. Las nubes se pueden hacer con lápiz blanco o algodón. Detrás, escribirán el versículo memorizado.

Oración: De gratitud por la creación, y porque podemos gozarnos y disfrutarla.

➤ EVALUACION DEL PROCESO DE ENSEÑANZA-APRENDIZAJE ◄

Cómo Comprobar los Resultados

Guíe a los alumnos a contestar el crucigrama en la página 4 de sus Hojas de Trabajo. Repase las respuestas con ellos hasta que demuestren conocer bien lo creado el segundo día. La actividad al pie de la página servirá como un reforzamiento del versículo. Anime a sus alumnos a traer para la próxima semana, una flor, planta o fruta.

SERIE: Así Lo Hizo Dios
UNIDAD 1: Todo en Orden

3

PLANTAS Y COLORES

BASE BIBLICA: Génesis 1:9-13
TEMA: Tercer Día: Tierra, Mares, Hierbas, Arboles y Frutos
PARA MEMORIZAR: Génesis 1:9, 11.

▶ PLAN DE ENSEÑANZA

Qué Preparar Antes de la Clase

Meta: El alumno demostrará su comprensión del orden en que toda la creación fue hecha por Dios, por medio de hacer un dibujo que ilustre todo lo creado por Dios el tercer día.

Maestro: La obra de hermoso colorido que hizo Dios el tercer día nos habla elocuentemente de él. No tenía que hacer el mundo tan bello, ni dar tanta variedad de plantas y árboles que llevan fruta: sencillamente así lo quiso. Dios siempre ha querido lo mejor para nosotros... ¿nosotros ofrecemos siempre lo mejor a él?

Centro de la Naturaleza: Al comenzar la semana: cada día, en un vasito con tierra húmeda o algodón húmedo, plante cinco semillitas de frijol (poroto o "judías"). Cada

▶ ACTIVIDADES DE APRENDIZAJE

Qué Hacer Durante la Clase

Al llegar sus alumnos, salúdeles. Pídales su ayuda para adornar el salón y el *Centro de la Naturaleza* con las flores, plantas y frutas que han traído. También que sigan pintando el *Mural: El Huerto de Edén.*

Actividad Introductoria: *Estampas de Hojas.* Permita a cada niño escoger una hoja de árbol de las que usted trajo. La usarán para realizar la actividad de la página 3 de la Hoja de Trabajo.

Música: Canten, "Grandes Cosas". Entonces enséñeles, "Todo lo Hermoso", "Mi Naranja".

Conversación: Hablen de las flores y plantas que adornan el salón. Pregunte a los niños cuáles son sus frutas favoritas. Corte en pedacitos la fruta que trajo y comparta con los niños. Canten, "Mi Naranja" y comparta con ellos la fruta cítrica que trajo, dando a cada quien un pedacito. Haga resaltar la grandeza de Dios al hacer el mundo tan hermoso.

Estudio de la Biblia: *Génesis 1:9-13.* Para repasar lo creado el primer y segundo días, repita junto con los niños los versículos memorizados en las clases anteriores. Enton-

DEL MAESTRO

dos días, plante más semillitas de igual manera. Lleve todas las plantitas el día del estudio. Lleve además plantas, flores y frutas con qué adornar el salón.

Actividad Introductoria: *Estampas de hojas.* Lleve hojas verdes de árboles o plantas.

Música: Además de los ya conocidos, "Mi Naranja", Núm. 10 y "Todo lo Hermoso", Núm. 15, ambos de *Cantos Infantiles.* Prepárelos en carteles de igual manera como los anteriores.

Conversación: Lleve una naranja u otra fruta cítrica que pueda compartir con sus alumnos.

Estudio de la Biblia: *Génesis 1:9-13.* Lea de nuevo la historia de la creación. A veces lo bien conocido requiere de más preparación. Medite también en el Salmo 65:9-13.

Mural de la creación: Se llenará mientras relata la historia, así que deberá tener en buen orden las figuras que recortará según las instrucciones al pie de la página. De antemano deberá colocar el cartón verde que representa la hierba, y el cartón azul que representa el río o lago. Prepare suficientes figuras de plantas y flores, para que cada niño pueda participar en pegar las figuras en el mural.

Memorización: Prepare en una cartulina verde el texto para memorizar. Para cubrir palabras clave haga flores de cartón o papel de colores.

Proyecto de la Unidad: Consulte la página 40 de este libro. Tenga listos los acordeones y colores para esta actividad.

Hacia la Meta: Harán un dibujo de lo creado para combinar esta actividad con el **Proyecto de la Unidad.**

CON LOS ALUMNOS

ces, que en sus Hojas de Trabajo lean la cita bíblica del día. Antes de iniciar el relato, entregue a cada niño una figura para que la coloque en el momento que se menciona lo que la figura representa, para formar el *Mural de la Creación.*

Cada Día Más Lindo

Amanecía el tercer día de la creación. ¿Qué cosas habría de crear Dios para embellecer su mundo?

Aunque ya había cielo y agua, aún no había tierra. Entonces Dios dijo: "Que el agua que está debajo del cielo se junte en un solo lugar, para que aparezca lo seco." Las aguas obedecieron a Dios, y se formaron los océanos, mares, ríos y arroyos. Entonces se formaron las montañas, los valles, las colinas y los llanos.

Cuando ya estaba bien definida la tierra y los cuerpos de agua, Dios dijo: "Que produzca la tierra toda clase de plantas: hierbas que den semillas y árboles que den fruto." (Permita que todos los niños coloquen sus figuras en el mural.)

Dios tenía todo bien planeado al hacerlo así. Algunas flores son para adornar, otras después forman frutas, otras, con la ayuda de las abejas, nos dan la miel. Los árboles nos dan frutas, sombra y madera.

El plan de Dios era ordenado y perfecto. Porque cada planta que creó llevaba semilla, hoy mismo podemos disfrutar de esos mismos árboles y flores.

Basado en Génesis 1:9-13.

Memorización: Diríjales a encontrar en sus Biblias el pasaje, a leerlo y a subrayarlo. Que completen la actividad de la página 4 de sus Hojas. Entonces, con el texto en cartulina que usted preparó, que repitan el versículo, hasta que lo memoricen bien.

➤ EVALUACION DEL PROCESO DE ENSEÑANZA-APRENDIZAJE ⬅

Cómo Comprobar los Resultados

(Proyecto de la Unidad.) Entregue a cada niño su acordeón, para que dibujen lo que Dios creó el tercer día. Detrás del dibujo escribirán el versículo para memorizar.

SERIE: Así Lo Hizo Dios
UNIDAD 1: Todo en Orden

4

DIAS Y NOCHES ALUMBRADOS

BASE BIBLICA: Génesis 1:14-19
TEMA: Cuarto Día: Sol, Luna y Estrellas
PARA MEMORIZAR: Génesis 1:14a, 16c

▶ PLAN DE ENSEÑANZA

Qué Preparar Antes de la Clase

Meta de Enseñanza-Aprendizaje: El alumno demostrará su comprensión del orden en que toda la creación fue hecha por Dios, por medio de confeccionar en la clase un mural que muestre la ubicación de las lumbreras en la creación.

Actividad Introductoria: *Cartulina de las Lumbreras:* Prepare cuatro cartulinas gruesas con dos colores cada una: una mitad blanca y la otra negra. Lleve a la clase plastilinas de color amarillo y blanco (para hacer el sol, la luna y las estrellas).

Música: Lleve los carteles con todos los cantos que han cantado hasta la fecha.

Maestro: El sol es otro ejemplo de la sabiduría divina. Además de darnos calor y de

▶ ACTIVIDADES DE APRENDIZAJE

Qué Hacer Durante la Clase

Al llegar sus alumnos, salúdeles. Ayúdeles a repasar lo que han estudiado hasta el momento. También pueden continuar coloreando el mural: El Huerto de Edén.

Actividad Introductoria: *Cartulina de las Lumbreras:* Divida a los niños en cuatro grupos y reparta las cartulinas y las plastilinas que trajo. Pídales que formen estrellas y la luna con la plastilina blanca, y el sol con la amarilla. Explíqueles que el color blanco de la cartulina representa el día y el negro la noche. Luego, que ubiquen en su respectivo lugar cada cosa que hicieron (día y noche).

Música: "Grandes Cosas". Que mencionen las cosas que ha hecho Dios y canten una vez más. Canten además, "Todo lo Hermoso".

Oración: Guíe a los niños a dar gracias por el sol, la luna y las estrellas.

Conversación: Hablen acerca de la luna y el sol. Pregunte a sus niños para qué nos sirven. Cuando han terminado de hablar, explique a los alumnos cómo el sol ayuda a las plantas, a los animales y a los niños a crecer.

Estudio de la Biblia: *Génesis 1:14-19.* Guíe a los niños a recordar lo creado los primeros tres días. Usen el mural para el repaso. Luego, entregue las Hojas de Trabajo para que lean el pasaje bíblico impreso. Entonces narre el relato siguiente.

DEL MAESTRO

señalar el día y la noche, la posición de la tierra en relación al sol es lo que nos da las estaciones del año. Sin el sol, no tendríamos la gran mayoría de alimentos, puesto que su energía y luz contribuyen a la fabricación de los frutos de las plantas y árboles. Y ahora, los científicos están descubriendo que la energía solar es la energía más fidedigna y abundante para todos nuestros usos diarios. ¡Grandiosas son las obras de Dios!

Conversación: Cómo Nos Ayudan el Sol y la Luna. Prepárese para conversar acerca de este tema.

Estudio de la Biblia: *Génesis 1:14-19.* Prepárese diariamente desde el lunes. Además de leer Génesis 1, lea la historia aquí impresa, y el Salmo 136:1-9. Será interesante para los niños pensar en el sol y la luna tomando turnos para dar su luz. Este fue el plan de Dios y sigue siendo así.

Repaso y Aplicación: Completarán las actividades de las páginas centrales de la Hoja de Trabajo.

Memorización: *Génesis 1:14a, 16c.* Escriba el versículo en una cartulina amarilla corte una tira del mismo color.

Proyecto de la Unidad: *Acordeón de la Creación:* Asegúrese de tener acordeones disponibles para niños que vengan por primera vez.

Hacia la Meta: Dibuje estrellas, la luna y el sol, para que los niños los recorten y coloquen en el *Mural de la Creación.*

CON LOS ALUMNOS

Luces en el Cielo

¡Qué hermoso fue el amanecer del cuarto día! Se veían los ríos, la tierra cubierta de hierba verde, las flores y los árboles.

Había mucho más que hacer. Hacía falta luz y calor para hacer crecer bien las plantas. Las noches todavía estaban muy oscuras. Dios sabía cada necesidad y tenía un plan ordenado para cada una.

Entonces, nos dice la Biblia que el cuarto día Dios hizo las dos grandes lumbreras: el sol y la luna, las colocó en el cielo. El sol sería para alumbrar el día, y la luna para darnos algo de luz en la noche.

¡Cómo lucía la creación con la luz del sol! La hierba se veía más verde, los colores de las flores más brillantes, y el cielo más azul. Los rayos del sol calentaban toda la tierra. Toda la creación parecía decir: "Gracias, Dios, por darnos el sol."

Cuando llegó la noche se pudo ver el brillo de la lumbrera menor, la luna. Reflejaba poca luz, pero era toda la necesaria para la noche. Además, en el cielo aparecieron miles de estrellitas.

El sol y la luna también debían servir para marcar las cuatro estaciones: la primavera, el verano, el otoño y el invierno, los días y los años. ¿Todo estaba quedando tal como Dios lo disponía!

Repaso y Aplicación: Diríjales a completar las actividades de las páginas centrales de su Hoja de Trabajo.

Memorización: Guíelos a encontrar los versículos en sus Biblias, a leerlos y a subrayarlos. Luego, que completen la actividad de memorización en la Hoja de Trabajo. Finalmente, repase con ellos el versículo usando el cartel que preparó y tapando las palabras clave con una tira de cartulina.

Proyecto de la Unidad: *Acordeón de la Creación:* Entregue los acordeones y pida que en el cuarto doblez ilustren lo que Dios hizo el cuarto día. Al reverso deberán escribir los versículos que memorizaron.

EVALUACION DEL PROCESO DE ENSEÑANZA-APRENDIZAJE

Cómo Comprobar los Resultados

Entregue a cada niño un dibujo para recortar (sol, luna o estrella). Cada niño deberá colocar en el *Mural de la Creación* lo que ha recortado.

SERIE: Así Lo Hizo Dios
UNIDAD 1: Todo en Orden

5

PECES Y AVES

BASE BIBLICA: Génesis 1:20-22.
TEMA: Quinto Día: Peces y Aves
PARA MEMORIZAR: Génesis 1:20

▶ PLAN DE ENSEÑANZA

Qué Preparar Antes de la Clase

Meta de Enseñanza-Aprendizaje: El alumno demostrará su comprensión de que Dios en el quinto día creó los peces y las aves, por medio de dibujar dos animales que viven en el agua y dos que vuelan sobre la tierra.

Maestro: Es imposible comunicar a los niños un sentimiento de gratitud y emoción, si usted mismo no siente esas emociones. Sus niños de por sí, por la edad que tienen, aún sienten emoción al presenciar la creación; les gusta ver y observar los pájaros y los animales marinos. Comparta con ellos este gusto; procure conseguir libros y revistas con láminas y leyendas sencillas que hablen de las diferentes especies de estas dos clases de animales y anime a sus alumnos a investigar todo cuanto puedan acerca de lo que están aprendiendo.

Centro de la Naturaleza: Agregue al Centro un nido de pájaros, caracoles (conchas de

▶ ACTIVIDADES DE APRENDIZAJE

Música: Los cantos que ya conocen.
Estudio de la Biblia: *Génesis 1:20-22.* Guíe a los niños en un repaso de lo creado los primeros cuatro días. Entonces pregunte: "¿Cómo es el canto de las aves en las mañanas? ¿Cómo serían los ríos y mares sin los peces que nadan y juegan en el agua? Hoy veremos cómo Dios creó las aves y los peces. Guíeles en la lectura del pasaje bíblico que se encuentra en sus Hojas de Trabajo. Entonces comparta el siguiente relato. A medida que avance en su relato, entregue a los niños las figuras de los peces y las aves que preparó, para que las coloquen en el *Mural de la Creación* ubicándolos en el lugar que les corresponde.

Qué Hacer Durante la Clase

Al llegar sus alumnos, salúdeles. Diríjales a observar lo que más se ha agregado al *Centro de la Naturaleza.* También que continúen pintando El Huerto de Edén.
Actividad Introductoria: *Lechuza en un Tronco.* Reparta a cada niño un pájaro de los que preparó y permítales pintarlo y acomodarlo completamente siguiendo las instrucciones que usted les dará.
Conversación: Permita un tiempo para que observen los cuadros y libros que trajo. Entonces hablen acerca de las muchas clases de animales que viven en el mar y vuelan sobre la tierra.

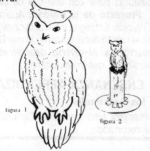

figura 1

figura 2

DEL MAESTRO

mar) y otros objetos naturales conseguidos del mar. Si es posible, lleve una pecera con pececitos y/o un pájaro en jaula.

Actividad Introductoria: *Lechuza en un tronco.* Prepare en papel la figura del pájaro según las siguientes instrucciones: De papel color amarillo recorte la lechuza según el ejemplo y dibuje la cara, las patas y las plumas. Corte la línea negra que está alrededor de las patas (fig. 1). Haga el tronco de un árbol con un rollo de papel; haga los cortes en la parte inferior y péguelo a un círculo de papel. Coloque la lechuza sobre el tronco, insertando la figura por el corte de las patas (fig. 2). Prepare uno como muestra y lleve los patrones de pájaro y demás materiales para que cada niño termine de hacer un pájaro en la clase.

Conversación: Lleve libros y/o cuadros de diferentes especies de pájaros y peces.

Música: Lleve los carteles con los cantos de la unidad.

Estudio de la Biblia: *Génesis 1:20-22.* Aunque nuestra traducción de la Biblia más corriente se refiere a que Dios hizo las "aves" el quinto día, debemos tomar en cuenta que este término incluye todas las especies de animales que vuelen: desde los pequeños insectos hasta las enormes águilas. Igualmente, los animales marinos incluye los peces, cocodrilos, estrellas del mar, etc.

Mural de la Creación: Prepare figuras de animales que viven en el agua, y aves. Procure tener una para cada niño.

Memorización: *Génesis 1:20.* Escriba el texto en una cartulina azul. Para cubrir palabras clave haga un pez de color diferente.

Proyecto de la Unidad: *Acordeón de la Creación:* Hoy harán un dibujo de lo que Dios creó el quinto día.

Hacia la Meta: Deberán dibujar dos animales que viven en el agua y dos que vuelan sobre la tierra. Lleve hojas blancas para que hagan su dibujo.

CON LOS ALUMNOS

Peces y Aves

¡Qué bello fue el amanecer del quinto día! Ya el sol mostraba mejor cómo las flores y las plantas adornaban el mundo de Dios, pero no había animales que pudieran disfrutar del hermoso mundo de Dios.

Según su plan, Dios dijo: "Produzcan las aguas seres vivientes, y aves que vuelen sobre la tierra..."

Entonces Dios hizo todos los seres que viven en el agua desde los pequeños pececitos dorados que tú puedes tener en tu casa, hasta las enormes ballenas y tiburones. Estos animalitos vivirían en pequeños arroyos, y otros en inmenso mar. Allí ya había alimentos para ellos.

Además, Dios hizo los animales que vuelan sobre la tierra: los hizo de todos los tamaños, desde el pequeño colibrí hasta la gran águila. Hizo además los insectos, como las mariposas.

A cada animal Dios le dio la capacidad de alimentarse, encontrar o preparar un hogar, y de reproducirse y multiplicarse, por eso todavía hoy podemos disfrutar de estos animales.

Así se terminó el quinto día de la creación, y vio Dios que lo que había creado era muy bueno.

Memorización: *Génesis 1:20.* Diríjales a encontrar el pasaje en sus Biblias, a leerlo y a subrayarlo. Entonces que completen la actividad en la página 4 de sus Hojas. Finalmente, con el cartel que usted preparó, podrán repasar el versículo.

Proyecto de la Unidad: *Acordeón de la Creación:* Entrégueles su acordeón y pídales que dibujen en el quinto doblez lo que Dios creó el quinto día. Detrás escribirán el versículo para memorizar.

Oración: De gratitud, por la hermosa creación de Dios.

EVALUACION DEL PROCESO DE ENSEÑANZA-APRENDIZAJE
Cómo Comprobar los Resultados

Entregue a sus alumnos hojas para que cada niño pueda dibujar dos animales que vuelan sobre la tierra y dos que viven en el agua. Si el tiempo lo permite, que los niños enseñen a la clase sus dibujos.

SERIE: Así Lo Hizo Dios
UNIDAD 1: Todo en Orden

ASI SE COMPLETO EL MUNDO

BASE BIBLICA: Génesis 1:24-31
TEMA: Sexto Día: Los Animales y el Hombre
PARA MEMORIZAR: Génesis 1:24, 26a, 27a.

▶ PLAN DE ENSEÑANZA

Qué Preparar Antes de la Clase

Meta de Enseñanza-Aprendizaje: El alumno demostrará su comprensión del orden en que toda la creación fue hecha por Dios, por medio de completar un acróstico.

Maestro: Hoy llegamos al final de la creación. Piense por un momento en el orden en que Dios creó todas las cosas... ¿Por qué crearía Dios al hombre por último? Porque Dios, aún antes de crearnos, ya nos amaba y quería tener lo mejor para nosotros. Esa sigue siendo la voluntad de Dios, y si buscamos su voluntad en nuestro diario vivir, podemos estar seguros de que Dios nos ofrecerá lo que él sabe que necesitamos.

▶ ACTIVIDADES DE APRENDIZAJE

Qué Hacer Durante la Clase

Al llegar sus alumnos, salúdeles. Diríjales a observar los cuadros que ha colocado en el *Centro de la Naturaleza* durante los 5 estudios anteriores. Procure que hoy completen el Mural Bíblico: El Huerto de Edén, si es que lo han estado pintando.

Actividad Introductoria: Reparta entre los niños hojas blancas y lápices de color. Pídales que se dibujen ellos mismos y que hagan una lista de cuatro animales que viven en la tierra.

Música: *"Hecho por ti"*. Dígales que Dios hizo toda la creación para nosotros, las personas.

Conversación: Después de que hayan observado los cuadros y las láminas de libros que trajo, hablen acerca de todas las cosas bellas que Dios hizo. Pregunte a sus alumnos si tienen algún animal (mascota) en casa, qué animal es, si tiene nombre, y por qué ese animal es diferente a ellos.

Estudio de la Biblia: *Génesis 1:24-31.* Repase con los alumnos todo lo que Dios creó los primeros seis días de la creación. Entonces dígales: ¿Saben que Dios, al crear al mundo, hizo su creación favorita hasta el final? La historia de hoy nos dirá cuál era. Guíeles en la lectura de las páginas centrales de la Hoja de Trabajo. Para reforzar lo leído, cuénteles lo siguiente. Utilice los cuadros que trajo a medida que va narrando el relato.

¡Especial!
Al amanecer del sexto día se oían los alegres cantos de las aves. Todo lo creado había quedado tan perfecto y lindo

DEL MAESTRO

Actividad Introductoria: Se harán autorretratos y escribirán listas de animales. *Materiales:* Hojas blancas y crayones.
Música: *"Hecho por ti"*, No. 16, Cancionero para Niños. C.B.P.
Conversación: Lleve libros con láminas de las diferentes clases de animales, y de personas.
Estudio de la Biblia: *Génesis 1:24-31.* En el sexto día, el último día de la creación, Dios hizo a todas las clases de animales terrestres, incluyendo los mamíferos y reptiles, además del hombre, a quien hizo a su "imagen y semejanza". Al hacer al hombre, inmediatamente se hace la distinción entre él y las demás criaturas, no sólo por ser hecho "a la imagen y semejanza de Dios", sino porque su trabajo en la tierra sería de dominar y enseñorear sobre todo lo demás que Dios había creado.

Mural de la Creación: Prepare figuras de animales de la tierra y del hombre.

Memorización: *Génesis 1:24a, 26a, 27a.* Escriba en una cartulina el texto, preparando una tirita de cartón del mismo color.

Proyecto de la Unidad: *Acordeón de la Creación:* Hoy dibujarán todo lo creado el sexto día.

Hacia la Meta: El acróstico que deberán completar está en la página 4 de la Hoja de Trabajo.

CON LOS ALUMNOS

como lo había ordenado Dios, pero... faltaba algo más.

Entonces Dios hizo los animales: los grandes animales como los que vemos en los parques zoológicos, los animales que nos ayudan, los que nos dan alimento y ropa y los que son amigos de los niños.

A cada animal Dios le dio un lugar donde vivir; unos debajo de la tierra, otros en cuevas, y otros en el campo o en la selva. Dios ordenó que se multiplicasen, para que siempre hubiera en la tierra.

Pero entre toda la hermosa creación, no había nadie con quien Dios pudiera hablar para que fuera su amigo. Entonces dijo Dios: "Hagamos al hombre a nuestra imagen." La Biblia nos dice que Dios formó al hombre del polvo de la tierra, y luego hizo algo que no había hecho con los demás animales: sopló en su nariz aliento. Al primer hombre le dio el nombre de Adán. Después, hizo a la primera mujer, y la llamó Eva. Dios hizo a las personas con una mente para que pudieran aprender, pensar, hacer elecciones y tener sentimientos. Ahora el hombre podía amar a Dios y tenerlo como su amigo.

Mural de la Creación: Dé a los niños las figuras de los animales terrestres y del hombre, para que las peguen en el mural. Deben ocupar ambos lados, día y noche. Al terminar, repitan el texto para memorizar.

Memorización: *Génesis 1:24, 26a, 27a.* Dirija a los alumnos a encontrar el pasaje en sus Biblias, a leerlo y a subrayarlo. Entonces, que completen la actividad de memorización en la Hoja de Trabajo. Para ayudarles a memorizar el pasaje, utilice el texto que escribió en la cartulina, cubriendo palabras clave.

Proyecto de la Unidad: *Acordeón de la Creación:* Dibujarán en el sexto doblez lo creado el sexto día. Detrás escribirán el texto que memorizaron.

Oración: De gratitud por los animales y por habernos hecho a nosotros.

EVALUACION DEL PROCESO DE ENSEÑANZA-APRENDIZAJE
Cómo Comprobar los Resultados

Reparta la Hoja de Trabajo para que resuelvan el acróstico de la página 4. Pídales que encierren en un círculo las palabras que nos dicen lo que fue creado el sexto día. Así demostrarán su comprensión del orden en que Dios hizo las cosas.

SERIE: Así Lo Hizo Dios
UNIDAD 1: Todo en Orden

7

Y EL SÉPTIMO DIA... DESCANSO

BASE BIBLICA: Génesis 2:1-3
TEMA: Séptimo Día: Descanso
PARA MEMORIZAR: Génesis 2:2

▶ PLAN DE ENSEÑANZA

Qué Preparar Antes de la Clase

Meta de Enseñanza-Aprendizaje: El alumno demostrará su comprensión de lo que Dios hizo el séptimo día, por medio de ilustrar en un calendario lo que él debe hacer el día domingo.

Maestro: Cuando Dios tomó el séptimo día de la semana para descansar, no fue porque él estuviera agotado físicamente, sino que estaba poniendo el ejemplo a su nueva creación: el hombre. Dios hizo al hombre con la necesidad de descansar, de meditar y de buscarlo a él y adorarle. Porque Dios hizo al hombre con tales necesidades, el hombre nunca podrá llenar todo su potencial si no cumple con éstas. Nosotros, como maestros, ¿estamos cumpliendo la voluntad de Dios en estos aspectos?

▶ ACTIVIDADES DE APRENDIZAJE

Qué Hacer Durante la Clase

Al llegar sus alumnos, salúdeles. Anímeles a observar todo lo que tiene en el salón que ilustra los días de la creación (Centro de la Naturaleza, murales, cuadros).

Actividad Introductoria: *Dibujos.* Entregue a los niños hojas y lápices para que dibujen una actividad que acostumbran hacer para descansar de la actividad física.

Música: Canten "La Creación", "Grandes Cosas", "Todo lo Hermoso", "Hecho por ti". Pida a cada niño mencionar una creación de Dios.

Oración: De gratitud por la hermosa creación de Dios.

Conversación: Permita que cada niño demuestre a los demás el dibujo que hizo durante la Actividad Introductoria. Pregunte por qué es necesario que descansemos. Mencione que porque Dios reconoce esa necesidad, él quiere que descansemos un día a la semana.

Estudio de la Biblia: *Génesis 2:1-3.* Comience con las siguientes preguntas: ¿Cómo te sientes al terminar una tarea en la escuela o en la casa? Hoy vamos a hablar de un trabajo terminado y bien hecho. Antes de seguir, guíe a los alumnos en un repaso de lo creado los seis días. Pueden hacerlo mirando el mural. Después, guíeles en la lectura del pasaje bíblico, impreso en la página 2 de la Hoja de Trabajo y en la realización del ejercicio de la misma página. Entonces relate lo siguiente:

LUNES	MARTES	MIERCOLES

JUEVES	VIERNES	SABADO	DOMINGO

DEL MAESTRO

Actividad Introductoria: *Dibujos.* Necesitará hojas de papel y lápices, para que los niños dibujen una actividad de lo que acostumbran hacer para descansar.

Música: Todos los cantos antes usados hasta la fecha.

Conversación: Platicar sobre temas: Cómo descansamos; los que hacemos los días domingo.

Estudio de la Biblia: *Génesis 2:1-3;* lea también Exodo 16:23-30; 20:8-11. El día de descanso y adoración tuvo su principio el día séptimo, cuando fue terminada la obra de la creación. Posteriormente, Dios incluyó la observancia del día sábado como uno de los Diez Mandamientos. Después de la venida de Cristo, los cristianos primitivos cambiaron el día al primer día de la semana, para así conmemorar la resurrección de Cristo.

Al dar el estudio bíblico a los niños, haga hincapié en el hecho de que cada semana tenemos un día para descansar, porque Dios así lo quiere. No entre en detalles acerca de la diferencia entre el sábado y domingo.

Proyecto de la Unidad: *Acordeón de la Creación:* De papel cuadriculado, prepare una hoja de calendario como la que se ilustra al pie de la página, para cada niño. Hoy terminarán el acordeón.

Memorización: *Génesis 2:2* Prepare el versículo de igual manera que lo han venido haciendo. Tenga a la mano las siete cartulinas con los versículos que se han estudiado durante esta unidad.

Hacia la Meta: Prepare una hoja de calendario grande, marcando los siete días de una semana.

CON LOS ALUMNOS

Un Día para Descansar
Después de seis días de trabajo, Dios declaró terminada su obra de creación. El estaba muy contento con su obra. Todo había quedado tan hermoso y perfecto como él había planeado.

La Biblia nos dice que Dios descansó el séptimo día de toda su obra. No descansó porque estaba cansado y necesitaba descansar, ya que él nunca se cansa. Sin embargo, Dios sabía que el hombre sí necesitaba descansar. Por eso, Dios en su plan declaró el séptimo día como día de descanso.

La Biblia nos dice que Dios también estableció que este día, además de ser un día para descansar, sea también un día para adorarle.

Todavía hoy apartamos un día a la semana. Es un día que vamos al templo para adorar a Dios por medio del canto, la oración y el estudio de la Biblia. En ese día también podemos descansar y gozar de compañerismo con nuestra familia y amigos.

Cuando guardamos así ese día: descansando, alabando a Dios en el templo y gozando de compañerismo cristiano, estamos obedeciendo a Dios.

Repaso y Aplicación: Haga un repaso verbal de lo estudiado hoy.

Proyecto de la Unidad: *Acordeón de la Creación:* Entregue a cada niño su hoja de calendario. Deberán marcar con color rojo aquellos días que debemos descansar, y pegar el calendario en sus acordeones. Detrás, escribirán el versículo.

Memorización: Dirija a los alumnos a encontrar el pasaje en sus Biblias, a leerlo y a subrayarlo. Entonces, que completen la actividad de memorización en la Hoja de Trabajo. Para ayudarles a memorizar el pasaje, utilice el texto que escribió en la cartulina, cubriendo las palabras clave.

EVALUACION DEL PROCESO DE ENSEÑANZA-APRENDIZAJE

Cómo Comprobar los Resultados
Entregue a cada alumno un calendario como el que se ilustra en la página anterior. Dibujarán lo que deben hacer el día domingo.

SERIE: Así Lo Hizo Dios
UNIDAD 2: Todo Bajo Su Dirección

8

LAS CUATRO ESTACIONES

BASE BIBLICA: Génesis 8:22; Eclesiastés 3:1, 2, 11
TEMA: Toda la Creación Necesita el Cuidado de Dios
PARA MEMORIZAR: Génesis 8:22

PLAN DE ENSEÑANZA
Qué Preparar Antes de la Clase

Meta de Enseñanza-Aprendizaje: El alumno demostrará su comprensión del hecho que la creación es dirigida y cuidada por Dios, por medio de dibujarse a sí mismo disfrutando de las cuatro estaciones.

Maestro: En la unidad anterior se dio énfasis al orden de Dios en la creación. En esta nueva unidad, "Todo Bajo Su Dirección", el enfoque será sobre la dirección divina en la creación. Son tres los estudios que componen esta nueva unidad y será necesario que usted lea todo el material para saber qué y cómo va a enseñar este estudio y los dos que siguen.

Actividad Introductoria: Necesitará cartulina, papel de colores, semillas, algodón, hojas secas y lana para que hagan un collage

ACTIVIDADES DE APRENDIZAJE

Qué Hacer Durante la Clase

Al llegar sus alumnos, salúdeles. Anímeles a observar todo lo que tiene colocado en el salón, referente a la creación. Anímeles a recordar los siete días de la creación.

Actividad Introductoria: *Collages de las Estaciones.* Cada niño escogerá con cuál estación desea trabajar. Entonces reparta las cartulinas y los elementos. Cuando terminen, coloque los collages en la pared.

Memorización: Génesis 8:22. Que cada alumno busque en su Biblia la cita mencionada y la marque con un lápiz de color. Entregue al grupo el texto escrito en diferentes tiras de papel, para que lo armen y memoricen. Completen la actividad correspondiente en la Hoja de Trabajo.

Música: Use las cartulinas ilustradas para cantar "El Mundo Hermoso de Dios" y "Los Cielos Cuentan la Gloria de Dios". Lean el Salmo 19:1 para identificar las mismas palabras escritas por David.

Oración: De gratitud por el mundo hermoso que Dios creó.

Conversación: Muestre las láminas de las cuatro estaciones que trajo. Pregunte a los alumnos qué les gusta o qué se puede hacer en las diferentes estaciones. Si en el lugar donde viven, no tienen las cuatro estaciones bien definidas, hablen de las diferentes temporadas que sí tienen.

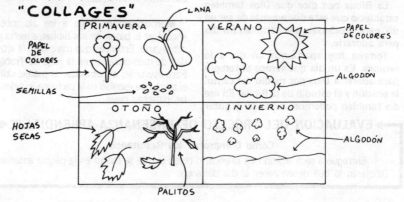

DEL MAESTRO

sobre las cuatro estaciones del año (ver pág. 56).

Memorización: Génesis 8:22. Escriba cada palabra del texto en una tira de papel de color o blanco. Use un marcador de color rojo para escribir el versículo. Los niños armarán el texto para memorizarlo.

Música: Prepare dos cartulinas ilustradas (ver página 132 de este libro) con las canciones "Los Cielos Cuentan la Gloria de Dios" y "El Mundo Hermoso de Dios" (Cantos Infantiles No. 76 y 8).

Mural de la Creación: Deje fijo en una pared este mural que deben haber completado en el estudio 6.

Conversación: Dibuje o consiga láminas con escenas de las cuatro estaciones: primavera, verano, otoño e invierno, procure que sean llamativas y bonitas.

Estudio de la Biblia: *Génesis 8:22; Eclesiastés 3:1, 2, 11.* Comience a preparar este estudio meditando en el tema sobre el cual está basada esta unidad: "Todo Bajo Su Dirección". Es Dios el que sigue dirigiendo hoy su hermosa creación. Todas las cosas que Dios creó obedecen las órdenes que él les dio el día que las hizo, y porque todo marcha bajo la dirección y cuidado de Dios es que tenemos primavera, verano, otoño e invierno.

Proyecto de la Unidad: *Libro "Todo Bajo Su Dirección".* Este proyecto servirá para las dos siguientes unidades. Consulte la página 41 para concretar todos los detalles. Hoy harán un dibujo de su estación favorita.

Hacia la Meta: Las páginas centrales de la Hoja de Trabajo tiene ilustradas las cuatro estaciones. Los niños allí se deberán dibujar.

CON LOS ALUMNOS

Estudio de la Biblia: *Génesis 8:22; Eclesiastés 3:1, 2, 11.* Lean juntos los pasajes bíblicos y pase a relatar la historia como sigue. Recuerde enfatizar en la dirección y cuidado de Dios sobre su creación.

Todo Lo Hizo Hermoso en Su Tiempo

¡Había terminado Dios con todo su plan de la creación! Todo era hermoso y perfecto. Pero Dios no se fue, dejando toda la creación sola, ¡no! El sabía que lo que había creado necesitaba todavía su cuidado y dirección.

Algo que nos muestra el cuidado y la dirección de Dios son las cuatro estaciones anuales que nos da. Estas cuatro estaciones son: La primavera, el verano, el otoño y el invierno. En la primavera todo es alegre y hermoso. Los pájaros nos alegran con su canto, las plantas y los árboles florecen. En el verano los árboles nos dan sus deliciosos frutos de brillantes colores; el sol brilla más, vamos a la playa o al río y nos gusta jugar con agua. En el otoño todo cambia de color, y las hojas de los árboles que son de color amarillo se caen. El viento sopla más fuerte, juega con ellas y las lleva de un lugar a otro. En el invierno, todo parece descansar. Los árboles ya no tienen hojas, el sol brilla muy poco, hace frío y muchos animales se meten en sus cuevas para dormir. En todo esto podemos ver cómo cuida Dios su creación.

Memorización: Génesis 8:22. Que cada alumno busque en su Biblia la cita mencionada y la marque con un lápiz de color. Entregue al grupo el texto escrito en diferentes tiras de papel, para que lo armen y memoricen, completen la actividad correspondiente en la Hoja de Trabajo.

Proyecto de la Unidad: *Libro "Todo Bajo Su Dirección".* Explique a los alumnos, a grandes rasgos, los detalles del nuevo proyecto. Entonces entregue a cada niño una hoja de papel para que haga un dibujo de su estación favorita.

➤ EVALUACION DEL PROCESO DE ENSEÑANZA-APRENDIZAJE ◄

Cómo Comprobar los Resultados

Muestre a los alumnos los cuadros de las páginas centrales de las Hojas de Trabajo. Lean en voz alta las explicaciones, entonces, que los niños se dibujen disfrutando de cada una de las diferentes estaciones.

SERIE: Así Lo Hizo Dios
UNIDAD 2: Todo Bajo Su Dirección

TODOS SE AYUDAN

BASE BIBLICA: Génesis 1—2:14; Salmo 104:10-19
TEMA: Toda la Creación Se Relaciona y Necesita entre Sí
PARA MEMORIZAR: Salmo 147:8

PLAN DE ENSEÑANZA

Qué Preparar Antes de la Clase

Meta de Enseñanza-Aprendizaje: El alumno demostrará su comprensión, del hecho que toda la creación se relaciona y ayuda entre sí, por medio de participar en una dramatización.

Maestro: Es maravilloso pensar en el mundo de Dios —no hay nada creado que no necesite de otra cosa creada— y es esa interdependencia lo que nos muestra la sabiduría divina. La creación opera de una forma tan consistente y natural, que hay quienes se han atrevido a decir que Dios dejó de ser necesario y murió. Pero nosotros sabemos y sentimos su mano sutil en cada semilla que brota, en cada ola que golpea contra las rocas, en cada ser nuevo que nace, la vida de cada planta, animal y persona es un testimonio de que Dios vive y obra.

Actividad Introductoria: *Conversación.* Prepare cuadros que presentan las siguientes

ACTIVIDADES DE APRENDIZAJE

Qué Hacer Durante la Clase

Al llegar sus alumnos, salúdeles. Pregúnteles qué fue lo que desayunaron esa mañana (o cenaron el día anterior). Pregúnteles de dónde vino cada alimento que comieron: Por ejemplo: la leche de la vaca, el pan del trigo, etc.

Actividad Introductoria: *Conversación:* Muestre a los niños los cuadros que trajo y converse sobre ellos, guíeles a pensar en cuántas y cuáles cosas de las creadas por Dios necesitan ellos durante el día. Escriba en el pizarrón una lista con las cosas que ellos mencionen. Dirija la conversación hacia el tema del estudio de hoy.

Memorización: Pida a cada niño que busque en su Biblia el Salmo 147:8. Léanlo juntos y subráyenlo. Divida la clase en tres grupos. Entregue a cada grupo las tiras de papel en que está escrito el versículo. Que lo armen y luego cada grupo lea una parte hasta memorizarlo por completo. Entonces que completen la actividad de memorización de la página 3 de la Hoja de Trabajo.

Música: Comience a cantar, "Cantando Alabanzas", mientras presenta la cartulina y guía a los niños a dibujar entre las palabras: aves, abejas y niños alegres. Sigan cantando al estar dibujando.

Oración: Antes de orar que los niños expresen motivos de gratitud a Dios para ser incluidos en la oración.

Estudio de la Biblia: *Génesis 1—2:14; Salmo 104:10-19.* Divida a los niños en tres grupos. Asigne a cada grupo la lectura de algunos de los versículos del Salmo 104:10-19. Puede asignar a cada grupo los siguientes versículos y guiarlos y ayudarles a encontrar las verdades centrales de ellos: Versículos 10-13, que vean cómo y a quiénes ayuda el agua; los versículos 14, 15, la hierba, y cómo sirve para los animales y el hombre; y por último los versículos 16-18, en estos versículos vemos cómo los árboles, montes y peñas sirven de hogar para las aves y los animales. Los versículos del 10-14, y el 18 están impresos e ilustrados en la página 2 de la

DEL MAESTRO ◄

ideas: Una vaca, vaso de leche, carne, zapatos; una gallina, huevos y carne; una oveja - diferentes ropas de lana; trigo - pan, cereales; árboles - frutas, casas y muebles.

Memorización: Salmo 147:8. Escriba el versículo de hoy en tiras de color divididas así: "El es quien cubre de nubes los cielos, el que prepara la lluvia para la tierra, el que hace a los montes producir hierba." Use papel de color diferente al de la clase anterior. Prepare el versículo tres veces de igual manera.

Música: Ilustre el canto *"Cantando Alabanzas"* (Cantos Infantiles No. 19). Vea instrucciones en página 132 de este libro.

Cuadros: Los que muestran la cooperación dentro de la creación según el tema de este estudio.

Estudio de la Biblia: *Génesis 1—2:14; Salmo 104:10-19*. En el estudio de hoy el enfoque está sobre: "Dios dispuso que toda la creación se relacione y ayude entre sí." Medite durante la semana en estos pasajes bíblicos. Señale cómo la creación se relaciona entre sí. En la Hoja de Trabajo presentamos algunos ejemplos, pero usted puede elegir otros que se mencionan en el texto bíblico.

Repaso y Aplicación: Los alumnos completarán la actividad de la página 4 en la Hoja de Trabajo. Hágalas usted, para poder dirigir a los alumnos.

Proyecto de la Unidad: *Libro: Todo Bajo Su dirección:* Consulte la página 40 para mayores detalles acerca del proyecto. Hoy dibujarán dos elementos naturales creados por Dios (planta, animal o persona) que se ayudan mutuamente, y escribirá cómo.

Hacia la Meta: Participarán en dramatizaciones. Deberán pensar en un ejemplo de cómo la naturaleza se ayuda entre sí, y con mímica representar las acciones.

CON LOS ALUMNOS ◄

Hoja de Trabajo. Léanlos despacio y dé oportunidad para que los chicos participen leyendo lo que está ilustrado. Para ampliar lo estudiado, comparta los siguientes datos:

Todo Bajo Su Dirección

Todo lo que Dios creó se ayuda entre sí. Las plantas alimentan al hombre, a los animales y a las aves. Las plantas para crecer y vivir reciben ayuda del sol, el viento, la tierra y la lluvia. Las flores ayudan a las abejas. Las abejas sacan de las flores el néctar que llevan a la colmena donde preparan la miel. Este es un rico alimento para nosotros y algunos animales.

Dios usa el viento, los animales y las aves para desparramar las semillas de las plantas, para que crezcan en muchas partes. Los animales nos ayudan de muchas maneras: Hay animales como los caballos, que ayudan en el trabajo de los hombres. Otros animales nos dan alimento, como las gallinas y otros, como las ovejas nos dan lana para ropa. Otros animales sirven como nuestros amigos. Los animales también se benefician de la creación: comen la hierba, beben el agua de los ríos, reciben luz y calor del sol, y descansan bajo la sombra de los árboles. Así creó Dios todas las cosas para que se ayudaran entre sí.

Repaso y Aplicación: Que los alumnos completen la actividad señalada en la página 4 de la Hoja de Trabajo.

Proyecto de la Unidad: *Libro: Todo Bajo Su Dirección*. Entregue a cada niño una hoja, para que dibujen dos cosas creadas que se ayudan entre sí. Los que saben hacerlo, deben escribir cómo estas dos cosas se ayudan mutuamente.

► EVALUACION DEL PROCESO DE ENSEÑANZA-APRENDIZAJE ◄
Cómo Comprobar los Resultados

Explique a los alumnos que ahora ellos, por medio de mímica, ilustrarán cómo lo creado por Dios se ayuda entre sí. Permita que formen parejas o grupos de tres, entre ellos mismos piensen en un ejemplo, y planeen cómo presentarlo. Ejemplos: el hombre, los animales y las aves que se alimentan de las plantas; las abejas volando de flor en flor, llevando la miel al panal, el oso comiendo miel, el niño que pone miel en el pan.

SERIE: Así Lo Hizo Dios
UNIDAD 2: Todo Bajo Su Dirección

10

SOMOS AYUDANTES

BASE BIBLICA: Génesis 1:26-28; 2:15; 2 Timoteo 2:6; Santiago 5:7
TEMA: La Creación Necesita la Ayuda del Hombre
PARA MEMORIZAR: Génesis 2:15

▶ PLAN DE ENSEÑANZA

Qué Preparar Antes de la Clase

Meta de Enseñanza-Aprendizaje: El alumno demostrará su comprensión de que la creación necesita la ayuda del hombre, por medio de completar un calendario con dibujos, o por escrito, de lo que hará durante la semana para ayudar a la creación de Dios.

Maestro: Cuando Dios creó al hombre, una de sus disposiciones inmediatas fue que éste señoreara sobre los animales, y cultivara el campo, y le dio la sabiduría para hacerlo. Aunque el hombre ha llegado a grandes logros en estos aspectos, en el último siglo ha demostrado no haber usado su sabiduría de acuerdo con la voluntad de Dios: varias clases de animales han desaparecido, o están en proceso de desaparecer, por culpa del hombre. El ambiente en las grandes ciudades, envenenado por los tóxicos producidos por el hombre, también está afectando seriamente la salud de las personas.

Qué Hacer Durante la Clase

Al llegar sus alumnos, salúdeles. Pregúnteles acerca de las diferentes actividades realizadas durante la semana. Pregunte si de alguna manera ayudaron a otra persona durante la semana, y cómo.
Actividad Introductoria: Siembren la planta que usted trajo a la clase y pregunte a los niños lo siguiente: "¿Quién cuidará esa planta?" "¿Qué pasaría si no la cuidamos?" Hablen de la forma particular de cuidar la planta que llevó. Recuerde que algunas plantas necesitan más sol que otras, algunas más o menos agua. Averigüen cada cuanto tiempo debe fertilizarse.

▶ ACTIVIDADES DE APRENDIZAJE

Memorización: *Génesis 2:15.* Guíe a sus alumnos a encontrar el pasaje en su Biblia, a leerlo y a subrayarlo. Dé a los niños el rompecabezas con el texto que preparó. Pídales que lo armen varias veces. Luego, que lo repita cada uno y a medida que se lo aprenden pueden armar el rompecabezas solos.
Música: Use la cartulina: "Buenas Semillitas" y los otros cantos ya usados en esa serie.
Conversación: Muestre los cuadros que trajo. Pida a los alumnos que observen los cuadros y describan lo que está ocurriendo. Diga al final: Todos estos cuadros muestran cómo el hombre necesita pedir la sabiduría de Dios para cuidar la creación. Use la página 1

DEL MAESTRO

Actividad Introductoria: Lleve a la clase una planta pequeña (puede ser violeta o alguna ornamental) la misma que se ocuparán de cuidar de ahora en adelante en la clase. Debe llevar también una maceta, tierra y agua.

Memorización: *Génesis 2:15.* Prepare el versículo en una cartulina grande, de un color distinto al de los dos estudios anteriores. Luego recórtela para formar un rompecabezas.

Música: Ilustre el canto *"Buenas Semillitas"* (No. 11 de Cantos Infantiles). Vea página 132 para instrucciones sobre como ilustrar el canto.

Conversación: Consiga cuadros de revistas, periódicos que muestran descuido de la creación. El propósito es motivarles a aceptar la necesidad que tenemos de pedir sabiduría a Dios para todo lo que hacemos. Use la página 1 de la Hoja de Trabajo para motivarlos a conversar acerca de cómo el hombre debe ayudar a cuidar la creación.

Estudio de la Biblia: *Génesis 1:26-28; 2:15; 2 Timoteo 2:6; Santiago 5:7.* El enfoque de este estudio está dado sobre la responsabilidad del hombre en la creación. Esta tarea que el hombre tiene es por orden de Dios. Sus alumnos deben captar, a través de este estudio, cuáles cosas pueden hacer ellos como ayudantes de Dios para cuidar su creación. Lea varias veces, durante la semana, los pasajes bíblicos aquí señalados.

Proyecto de la Unidad: *Libro: Todo Bajo Su Dirección:* Hoy los alumnos dibujarán una manera en que ellos pueden ayudar en la creación (vea pág. 40).

Hacia la Meta: En la página 4 de la Hoja de Trabajo, está ilustrado un calendario. Allí harán un dibujo por cada día de la semana, ilustrando cómo ayudan en la creación.

CON LOS ALUMNOS

de la Hoja de Trabajo para animarles a conversar sobre maneras correctas de ayudar a cuidar la creación.

¡Tú Puedes Ayudar!
Estudio de la Biblia: *Génesis 1:26-28; 2:15; 2 Timoteo 2:6; Santiago 5:7.* Dé una de las cuatro citas mencionadas a cuatro niños que saben leer bien. Ayúdeles a encontrar las citas antes de comenzar el estudio. Pregunte: ¿Quién dirige los trabajos en tu casa? ¿Quiénes ayudan? Dígales que Dios es el que dirige el mundo que él creó, pero cómo para hacerlo busca la ayuda de otros. Los cuatro niños leerán los pasajes. Al terminar la lectura, entregue las Hojas de Trabajo. Guíeles a leer las páginas centrales de la Hoja de Trabajo. Explíqueles que Dios nos puso en este mundo para ayudar a cuidar todo lo que él ha hecho. Dígales que Dios no necesita nuestra ayuda, porque él lo puede hacer solo, sin embargo, él quiere compartir con nosotros esta maravillosa y gran responsabilidad. Muestre los cuadros de la página 2, pídales que los observen, y que después contesten las preguntas. Haga hincapié en el hecho que aunque nosotros tenemos que hacer mucho para cuidar los animales, esto nos trae grandes beneficios porque podemos gozar de lo que estos animales nos dan. Cuando hayan terminado la página 3, que completen la actividad de la página 3. Pregunte a los niños qué ocurre si no cuidamos las plantas. Comente que siempre se disfruta más de los alimentos cuando uno sabe que ha ayudado en su cultivo.

Oración: De gratitud, por la oportunidad de participar en el cuidado de lo creado por Dios.

Proyecto de la Unidad: *Libro: Todo Bajo Su Dirección.* Entregue las hojas para que se dibujen ayudando en la creación de Dios.

➤ EVALUACION DEL PROCESO DE ENSEÑANZA-APRENDIZAJE ◀
Cómo Comprobar los Resultados

Muestre a los alumnos la página 4 de sus Hojas. Explíqueles que allí deberán dibujar o escribir maneras en que ellos piensan ayudar a cuidar la creación de Dios durante la semana.

SERIE: Así Lo Hizo Dios
UNIDAD 3: Todo por Amor

11

¡MIREN LAS AVES!

BASE BIBLICA: Mateo 6:25, 26
TEMA: Las Aves Muestran el Amor y Cuidado de Dios
PARA MEMORIZAR: Mateo 6:26

▶ PLAN DE ENSEÑANZA

Qué Preparar Antes de la Clase

Meta de Enseñanza-Aprendizaje: El alumno demostrará su actitud de comprensión hacia cómo las aves muestran el amor y cuidado de Dios, por medio de explicar verbalmente dos maneras de cómo Dios cuida a las aves.

Maestro: La próxima unidad, aunque de sólo dos estudios, compara el amor y cuidado que Dios tiene hacia las aves y las flores, con el amor y cuidado que él tiene para con nosotros. Pero, antes de enseñar a los niños, examinemos nuestras propias actitudes... ¿cuántas cosas han ocurrido en su propia vida, en el pasado mes, que le comprueban el amor y cuidado que Dios tiene para con usted y los suyos? Haga una lista... y hágase el propósito de no sólo pensar en qué es lo que le hace falta para que sea más feliz, sino en todas las cosas que el Señor le da que debe agradecer.

Qué Hacer Durante la Clase

Actividad Introductoria: Al llegar los niños permítales observar los objetos del Centro de Interés. También pueden mirar las plumas con el lente de aumento, y conversar acerca de cada uno de ellos y de cómo vemos en todo eso el amor y cuidado de Dios.

Memorización: *Mateo 6:26.* Dígales que todo lo creado nos muestra el amor y el cuidado de Dios. Guíelos a subrayar la parte del versículo que van a memorizar. Para ayudarles a memorizarlo, pueden realizar la

▶ ACTIVIDADES DE APRENDIZAJE

actividad de la página 4 de la Hoja de Trabajo.

Proyecto de la Unidad: *Mural.* Proporcione lápices y crayolas a los niños para que ilustren el texto sobre la cartulina de la parte superior que representa el cielo. Pueden dibujar aves volando, árboles con nidos, aves buscando alimento e iluminar el cielo. No pondrán flores en la parte que representa la tierra, sino hasta el próximo domingo.

Música: "Qué Dulce Es Poder Saber". Hable de la presencia de Dios y cómo él nos cuida. Entonces canten "Gracias, Buen Dios."

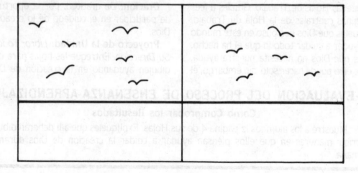

DEL MAESTRO

Actividad Introductoria: *Centro de Interés:* En los siguientes dos estudios trataremos del amor y cuidado que Dios muestra a las aves, a las flores y a nosotros. Para apoyar el estudio, traiga nidos de pájaros ya pegados o engrapados en un cartón, muestras de lo que usan para hacerlos: pelo, hilitos, estambre, algodón, palitos, paja, telaraña. Plumas de pájaro o de pavo real y un lente de aumento para estudiarlos, frasquitos que contengan gusanos, insectos, semillas y pasto (el alimento de los pájaros). Lleve también cuadros de diferentes clases de pájaros.

Memorización: *Mateo 6:26.* Los alumnos completarán la actividad de memorización que se encuentra en la página 4 de sus Hojas de Trabajo.

Proyecto de la Unidad: *Mural.* Para representar el cielo y la tierra. Fije dos cartones blancos en la pared de lado a lado. Haga una línea horizontal entre ambos cartones para distinguir entre las partes que representarán la tierra y el cielo. Vea ilustración en página 62.

Música: *"El Canto de las Maravillas", "Me Cuida Dios"* y *"Mirad las Aves"* (No. 3, 37 y 75 de Cantos Infantiles).

Estudio de la Biblia: Mateo 6:25, 26. Esta nueva unidad ayudará al niño a comprender que todo lo creado es expresión del amor y cuidado de Dios. Para meditar lea Génesis 1:30; Job 12:7; Ezequiel 31:6.

Repaso y Aplicación: Lo harán en conjunto con el Estudio de la Biblia. Prepárese bien para poder comunicar la verdad de que Dios se preocupa aún más por nosotros que por las aves.

Proyecto de la Unidad: *Libro: Todo Bajo Su Dirección.* Los alumnos harán dibujos de pájaros, y de los alimentos que ellos comen.

Hacia la Meta: La cumplirán en una conversación abierta, en que los niños mencionarán dos maneras en que Dios muestra su amor y cuidado.

CON LOS ALUMNOS

Oración: De gratitud por las aves y el cuidado de Dios.

Música: Las canciones sugeridas en Plan de Enseñanza.

Dios Hace Esto para las Aves...

Estudio de la Biblia: Mateo 6:25, 26. Pregúnteles: ¿Qué hemos aprendido hoy de los pájaros? y después que contesten: ¿Cómo los cuida Dios? Inicie el estudio haciendo leer al grupo la cita bíblica. Entonces dirija su atención a las páginas centrales de las Hojas de Trabajo. Pueden hacer este estudio en forma de lectura alternada: Un grupo de alumnos leerá las preguntas que aparecen al inicio de cada párrafo y otro grupo de alumnos contestarán leyendo el párrafo.

Amplíe donde vea que es necesario. Después de cada lectura de pregunta y respuesta, haga una comparación entre lo que Dios hace por los animales y lo que Dios hace por nosotros. Entonces los niños completarán la actividad de la página 3 en la Hoja de Trabajo del Alumno. Si el tiempo lo permite, que los alumnos muestren lo que han escrito y dibujado a los compañeros.

Proyecto de la Unidad: *Libro: Todo Bajo Su Dirección.* Entregue a cada niño una hoja en blanco, para que dibuje allí a un pájaro, y algún alimento que come. Recoja los trabajos para guardarlos.

Oración: De gratitud por las aves, porque nos enseñan el amor y cuidado que Dios tiene para con nosotros.

➤ EVALUACION DEL PROCESO DE ENSEÑANZA-APRENDIZAJE ⬅

Cómo Comprobar los Resultados

Reúna en grupo a los alumnos y pregúnteles: ¿Cómo cuida Dios a las aves? ¿Cómo nos cuida a nosotros? Cada niño deberá mencionar dos maneras en que Dios cuida de las aves —o si puede, establecer una comparación: Ejemplo: Dios cuida de las aves dándoles semillas qué comer— y a mí me da la fruta.

SERIE: Así Lo Hizo Dios
UNIDAD 3: Todo por Amor

12

DIOS HIZO LOS COLORES

BASE BIBLICA: Mateo 6:28-30
TEMA: Las Flores Muestran el Amor y Cuidado de Dios
PARA MEMORIZAR: Mateo 6:28

Qué Hacer Durante la Clase

Al llegar sus alumnos, salúdeles. Dígales que observen todos los adornos, y piensen en dos maneras en que Dios muestra su amor y cuidado.

Actividad Introductoria: *Centro de Interés.* Muestre las flores que están en el Centro de Interés y hable con los niños sobre su textura, color, forma y fragancia. Dirija la conversación en relación con el tema de cómo las flores muestran el amor y cuidado de Dios.

Música: las canciones sugeridas.

Memorización: *Mateo 6:28.* Reparta entre los niños la flor que trajo con el versículo y permita a los niños armarlo varias veces. También deben realizar la actividad "La Biblia lo dice", de la página 4 de la Hoja de Trabajo. Luego repetirán juntos al unísono el versículo.

Proyecto de la Unidad: *Mural.* Los niños completarán el mural dibujando flores en la parte que representa la tierra, como se indicó

▶ PLAN DE ENSEÑANZA

Qué Preparar Antes de la Clase

Meta de Enseñanza-Aprendizaje: El alumno demostrará su comprensión del hecho que las flores muestran el amor y cuidado de Dios, por medio de elaborar con el grupo una canción acerca de las flores, con la música de un canto favorito.

Maestro: Esta es la segunda ilustración que Jesús usó para hablar a sus oyentes del amor y cuidado de Dios. Probablemente sus alumnos no están demasiado preocupados acerca de cómo conseguirán su ropa, sin embargo, recuerde que en esta edad el niño sí sufre temores e inseguridades. Conozca a sus alumnos más a fondo, para que pueda conocer cuáles son estos temores e inseguridades. Entonces, planee maneras de transmitir a los

▶ ACTIVIDADES DE APRENDIZAJE

en el estudio anterior. Agregar el sol y las nubes como muestras del amor y cuidado de Dios.

Oración: Gracias, Dios, por tu cuidado y amor. Terminen cantando "Gracias, Buen Dios", con las frases "por las flores", "por tu amor", "por tu cuidado".

Conversación: Pregúnteles en qué maneras Dios muestra su amor y cuidado hacia su naturaleza. Entonces pregunte cómo es que Dios suple nuestras necesidades. Dígales que aunque Dios no nos da el dinero para comprar lo que necesitamos, pone las cosas a nuestra disposición para que las alcancemos.

Estudio de la Biblia: *Mateo 6:28-30.* Pregunte a los niños acerca de su ropa favorita (de qué color es, qué días la usan, etc.). Entonces dígales que van a hablar de los vestidos que Dios creó para las flores. Lean todos juntos el pasaje bíblico ilustrado en la página 2 de la Hoja de Trabajo. Entonces comparta el siguiente relato:

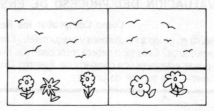

DEL MAESTRO

niños el amor y cuidado de Dios. Y sobre todo, viva usted estas experiencias.
Actividad Introductoria: *Centro de Interés.* Lleve flores naturales de distintos colores, textura, forma y fragancia.
Memorización: *Mateo 6:28.* Prepare el versículo en forma de una flor que pueda ser como un rompecabezas, tal como lo enseña la figura al pie de la página.
Proyecto de la Unidad: *Mural:* Hoy los niños adornarán la parte inferior del mural con flores. Lleve lápices de colores líquidos, y si es posible, papel brillante de colores.
Conversación: Deberán hablar acerca de cómo Dios suple nuestras necesidades.
Música: Los mismos cantos entonados en el estudio anterior: *"El Canto de las Maravillas"* y *"Mirad las Aves".* Prepare carteles con la letra de los cantos.
Estudio de la Biblia: *Mateo 6:28-30.* Jesús, al enseñar frecuentemente usaba ejemplos de cosas conocidas por aquellos quienes le escuchaban. Seguramente ese día mientras hablaba, se podían observar muchas flores silvestres, de múltiples colores, adornando el monte.
Proyecto de la Unidad: *Libro: Todo Bajo Su Dirección.* Hoy los alumnos harán dibujos de flores. Será la última página del librito, así que hoy deberán de preparar las portadas, si aún no lo han hecho, según las indicaciones de las páginas 40 y 41 de este libro.
Hacia la Meta: Elaborarán un canto sencillo. No dude de la capacidad de los niños para hacerlo. Elabore usted un sencillo canto también, para dar un ejemplo a los niños.

CON LOS ALUMNOS

¡Qué Lindos Vestidos Tienen!
¡Qué hermoso es pensar que las aves nos muestran el amor y cuidado de Dios!, ¿verdad? Jesús dijo que también las flores nos muestran el amor y cuidado de Dios.
Un día, mientras Jesús enseñaba a un grupo de gente, les dijo: "Miren los lirios del campo. La manera en que ellos crecen nos muestra el amor y cuidado de Dios."
Las flores viven recibiendo todo de Dios: reciben la luz y el calor del sol; reciben la lluvia que Dios les manda y se alimentan de la tierra que hizo Dios.
Los lindos colores de las flores son otra muestra del amor y cuidado de Dios. La Biblia dice que ni aun el rey más rico se vistió tan elegante como una flor. Las flores no tienen que trabajar para estar vestidas así. Es Dios quien las viste.
¡Qué alegres son sus hermosos vestidos! Algunas tienen pétalos suaves y sedosos; otras tienen forma de trompeta, otras son como campanitas... y ¡cómo perfuman el aire con su fragancia! Es Dios el que da tanta hermosura a cada flor.
Por medio de las hermosas flores Jesús enseñaba el amor y cuidado de Dios. Al mirar una flor, y ver los lindos vestidos que tienen, recuerda siempre que Dios nos ama y nos cuida.

Repaso y Aplicación: Guíe a sus alumnos a completar las actividades de la página 3 de la Hoja de Trabajo.
Proyecto de la Unidad: *Libro: Todo Bajo Su Dirección.* Explique que hoy terminarán este libro. Reparta a los alumnos hojas blancas y pídales que dibujen alguna flor que les gusta mucho. Al pie de la página pueden escribir el versículo memorizado. Preparen las portadas, según indicaciones de las páginas 40 y 41 de este libro.
Oración: De gratitud, porque por medio de las flores podemos aprender del amor y cuidado que Dios tiene para con nosotros.

►EVALUACION DEL PROCESO DE ENSEÑANZA-APRENDIZAJE◄
Cómo Comprobar los Resultados

Lea el poema (canto) que usted preparó. Mencione que se han escrito muchos cantos y poesías sobre las flores, y que esta mañana han cantado algunos. Guíe al grupo a elegir la música de un canto favorito o a inventar un canto sencillo de gratitud a Dios por su amor y cuidado hacia las flores. Lo escribirán en el pizarrón o en un cartel, y juntos lo cantarán.

ESTUDIO DE REFORZAMIENTO

13

GRACIAS DIOS POR TU CREACION

BASE BIBLICA: Repaso General

PARA MEMORIZAR: Todos los Versículos de la Serie

Qué Hacer Durante la Clase

Al llegar sus alumnos, salúdeles con alegría. Pídales que observen todo cuanto hay en el salón... ¿Cuántas cosas creadas por Dios pueden contar?

Actividad Introductoria: Guíe a los alumnos a realizar las actividades de las páginas 2 y 4 en la Hoja de Trabajo.

Culto de Adoración y Gratitud

1. **Música:** Solicite que un niño dirija este período de alabanzas. Puede decir algo así: "¡Que felices estamos con el mundo de Dios!, todo lo que él hizo nos habla de su amor y grandeza. Para expresar nuestra gratitud vamos a cantar: Los Cielos Cuentan la Gloria de Dios y El Mundo Hermoso de Dios!"

Será de mucha ayuda si usted prepara

1. "_____ llamó Dios a la luz ᴬ _día_ y a las tinieblas ᴮ _noche_
Génesis 1:1, 3a, 5a
2. "_____ llamó Dios a la expansión ᶜ _cielo_
Génesis 1:6a y 8a
3. El tercer día "Dijo Dios 'Produzca la tierra ᴰ _hierba verde_ y ᴱ _árboles_
Génesis 1:9, 11

➤ PLAN DE ENSEÑANZA

Qué Preparar Antes de la Clase

Meta de Enseñanza-Aprendizaje: El alumno demostrará su comprensión del agradecimiento que debe a Dios por su creación, al participar con sus compañeros en una oración conversacional.

Maestro: Ya hemos llegado al final de una serie más, y es tiempo de reflexionar y evaluar los resultados. ¿Cuánto cree que sus alumnos se han beneficiado por estos estudios? ¿Ha logrado colocar en ellos la convicción de que el Dios todopoderoso fue el Creador de todo cuanto existe? ¿Cómo evalúa su propia preparación y participación como maestro? ¿Se esforzó para preparar todos los materiales a tiempo, y ofrecer así una clase atractiva? ¿Tiene planes para mejorar? Pida la sabiduría del Señor en el inicio de una nueva serie.

Propósito del Estudio: Este es el último estudio de la serie y su propósito es repasar y

➤ ACTIVIDADES DE APRENDIZAJE

tarjetas con la información que necesitan para los niños que van a participar en las diferentes partes del culto.

2. **Oración:** Solicite con anticipación la participación de un alumno para dirigir este tiempo.

3. **Bienvenida y Saludos:** Esta parte del culto puede estar a su cargo o solicitar la participación de otro alumno.

4. **Ofrenda:** Las niñas del grupo pueden hacer un buen trabajo en este punto.

Así Lo Hizo Dios

5. **Repaso de los Siete Días de la Creación:** Usando los murales y "acordeones de la creación" guíelos a repasar lo creado

4. El cuarto día Dios hizo el ᶠ _sol_, la ᴳ _luna_ y las ᴴ _estrellas_
Génesis 1:4a, 16c
5. El quinto día dijo Dios "Produzcan las aguas ᴵ _peces_ y ᴶ _aves_ que vuelen sobre la tierra en la abierta expansión de los cielos."
Génesis 1:20
6. El sexto día "Dijo Dios 'Produzca la tierra ᴷ _animales_ y creó Dios al ᴸ _hombre_
Génesis 1:24, 27a

DEL MAESTRO

reafirmar todo lo estudiado los últimos tres meses. Procure un ambiente alegre e informal. Después de las actividades introductorias, se tendrá un *culto de adoración* y gratitud a Dios por su mundo. Asigne con anterioridad a cada niño la parte que le tocará dirigir durante el programa de adoración.

Centro de Interés: Lleve a todos los niños frente al centro de interés y pídales que silenciosamente cuenten todo lo que hay y que representa lo que Dios creó.

Arreglo del Salón: Adornar las paredes con los murales y "acordeones de la creación" que se hicieron durante la serie.

Música: Tenga listos los carteles de todos los cantos ilustrados usados en la serie, estos serán usados en diferentes oportunidades.

Memorización: *Repaso General.* Tenga los distintos materiales usados para la memorización de los versículos de toda la serie. Observe los momentos en que se usarán durante el "Culto de Adoración y Gratitud".

Adivinanzas: Escriba en cartulina de color las siguientes adivinanzas:
Amarillo y redondo en el cielo azul, Dios me hizo el cuarto día para dar al mundo luz. ¿Quién soy? *(El sol).*
Fuimos creados el quinto día. ¡Cómo nos gusta nadar! Tenemos nuestras casas escondidas en el mar. ¿Quiénes somos? (Los peces).
Dios me hizo el sexto día; me gusta comer la hierba, para dar la rica leche que tú debes beber. ¿Quién soy? *(La vaca).*
A los animales puse nombre, el jardín de Dios cuidé. Fui ayudante de Dios, como tú lo debes ser. ¿Quién soy? *(El hombre).*
Vestida de alegres colores y fragancia que al aire doy, muestro el amor y cuidado que nos tiene el buen Dios. ¿Quién soy? *(La flor).*

Refrigerio: Prepare una canasta de frutas bien lavadas y listas para comer.

Hacia la Meta: Participarán de una oración conversacional.

CON LOS ALUMNOS

cada día. Con los carteles de memorización se repetirán los versículos de la primera unidad. Los alumnos harán el ejercicio: *"Así Lo Hizo Dios",* en las páginas centrales de la Hoja de Trabajo.

6. **Música:** Que un niño dirija este tiempo de alabanza. Puede ser el mismo que lo hizo al principio u otro que usted elija. Esta vez pueden cantar *"Todo lo Hermoso"* y *"El Canto de las Maravillas"*

7. **Repaso del Proyecto:** *"Todo Bajo Su Dirección".* Guíelos a recordar el papel de Dios, el hombre y la interdependencia mutua en la creación. Que dramaticen los relatos de la segunda unidad.
Los alumnos harán el ejercicio de la página 4 en la Hoja de Trabajo.

8. **Repaso de los versículos para memorizar de la tercera unidad:** Guíelos a reflexionar en el hecho de cómo las flores y las aves nos muestran el amor y el cuidado de Dios.

9. **Música:** *"Mirad las Aves"*

10. **Adivinanzas:** Repaso de las adivinanzas preparadas en los cartelones.

Aplicación a la Vida: Haga hincapié en que Dios es nuestro creador. Que él nos hizo y nos dio todo lo que existe en la naturaleza, para que lo cuidemos y lo gocemos. Debemos agradecer a Dios, diariamente por su amor mostrado a través de la creación.

Refrigerio: El motivo de comer frutas en el refrigerio es para motivarlos a que les guste el sabor que Dios le dio a éstas. Solicite la ayuda de las niñas del grupo para la repartición, pero antes tengan una oración de gratitud a Dios por la provisión que les ha dado.

EVALUACION DEL PROCESO DE ENSEÑANZA-APRENDIZAJE
Cómo Comprobar los Resultados

Formen un círculo tomados de la mano. Inicie la oración diciendo: "Gracias, Dios, por tu mundo." Entonces cada niño dirá gracias por una de las cosas que Dios creó. Al final, el maestro concluirá la oración. Terminen cantando: **"Gracias Buen Dios."**

DE UN NIÑO... A SU MAESTRO...

Querido maestro... Querida maestra...

Tengo un problema. Bueno, tengo muchos problemas: mi perro se fue de la casa, mi amigo está enfermo, mi mamá no me deja comer dulces y helados y mi papá no puede llevarme al parque porque trabaja todo el día.

Pero, el problema en el cual necesito tu ayuda es otro y yo sé que me ayudarás. Quiero que me ayudes a estar más cerca de ese libro que yo llamo "el libro de los grandes", porque mi papá, mi mamá y mi abuelita lo leen todos los días, me cuentan lo que dicen, pero... no me dejan tener uno propio...

El pastor de la iglesia también tiene un libro así. Claro que el que el pastor usa es tan grande y tan pesado que yo sé que no tengo fuerzas para levantarlo. Además, como siempre está en el púlpito y tiene unas tapas tan gruesas y negras yo no me atrevo a acercarme a ese "librote" (lo llamo así porque es casi tan grande como yo).

Quiero pedirte que me enseñes a usarlo, como yo ya sé leer déjame que lo lea en la clase cuando llegamos al relato bíblico. Ayúdame a memorizar algunos de sus versículos y enséñame cómo subrayar con lápices de colores aquellos textos que memorizo.

Querido maestro, querida maestra... "gracias por tu ayuda". Yo sé que desde ahora mi Biblia y yo vamos a ser grandes amigos porque tú me vas a ayudar a conseguirlo. Ahora mismo voy a pedirles a mis padres que me compren una Biblia para que yo pueda usarla a partir de la próxima clase...

MODULO: BIBLIA

SERIE: LA BIBLIA: EL LIBRO DE DIOS

Objetivo de la Serie: Esta serie está diseñada para que el alumno comprenda que la Biblia es el libro de Dios, escrita por hombres escogidos y que nos habla por medio de ella.

Escriba aquí la fecha en que se usará cada estudio.

_____
_____
_____
_____

UNIDAD 1: LA BIBLIA: EL LIBRO DE DIOS
Objetivo de la Unidad: Esta unidad está diseñada para que el alumno comprenda que la Biblia es el libro de Dios.
1. La Biblia Escrita por Orden de Dios
2. La Biblia, el Libro Cuidado por Dios
3. La Biblia, el Libro de Dios Es para Siempre
4. La Biblia, el Libro de Dios Tiene Poder para Ayudar a Aquellos Que la Leen y la Obedecen

UNIDAD 2: LA BIBLIA ESCRITA POR HOMBRES ELEGIDOS
Objetivo de la Unidad: Esta unidad está diseñada para que el alumno comprenda que Dios eligió a hombres diferentes para escribir la Biblia.

_____
_____
_____
_____
_____

5. Un Rey Elegido para Escribir Parte de la Biblia
6. Un Pastor Elegido para Escribir Parte de la Biblia
7. Un Médico Elegido para Escribir Parte de la Biblia
8. Un Misionero Elegido para Escribir Parte de la Biblia
9. Un Pescador Elegido para Escribir Parte de la Biblia

UNIDAD 3: POR LA BIBLIA DIOS ME HABLA
Objetivo de la Unidad: Esta unidad está diseñada para que el alumno comprenda que la Biblia es un medio por el cual Dios le habla.

_____
_____
_____

10. Por la Biblia Dios Me Habla Cuando la Escucho
11. Por la Biblia Dios Me Habla Cuando la Leo
12. Por la Biblia Dios Me Habla Cuando la Recuerdo

ESTUDIO DE REFORZAMIENTO

_____

13. La Biblia: el Libro de Dios

Cómo Dar Estudios Bíblicos con Propósito

Por ser esta la serie en que estudiaremos acerca de la Biblia, es importante que nos detengamos a pensar en cómo enseñar la Biblia a los niños de una manera efectiva e interesante.

Definamos los motivos por los que queremos enseñar a los niños. Las siguientes declaraciones pueden ayudarnos a definir algunos propósitos.

* que los niños conozcan del amor de Dios.
* que los niños aprendan ejemplos de personas que obedecieron a Dios.
* que los niños adopten una actitud de confianza en Dios como su creador y sustentador.
* que los niños confíen en Jesús como su mejor amigo y Salvador.
* que los niños aprendan "actitudes cristianas".

Así, podríamos continuar con un sin fin de respuestas. La Biblia es un tesoro lleno de esperanzas y promesas, que aún los niños deben aprender.

Dos errores comunes que cometen algunos maestros de niños son: primero, que se dedican sólo a enseñar la historia bíblica, sin considerar el valor práctico que la historia tiene para la vida de los niños y segundo, se limitan sólo a evangelizar al niño, sin prestar atención a los demás objetivos en la enseñanza-bíblica.

Cuando relatamos la historia bíblica, esta debe apuntar a cubrir más aspectos que sólo la simple memorización. Debemos aspirar también a que el alumno comprenda ciertos aspectos de la historia y que le ayuden a sacar una enseñanza práctica; lo que sin duda le preparará para experiencias y convicciones verdaderas en la vida cristiana.

Es importante que cuando vamos a relatar una historia a niños, despertemos el interés de ellos desde el principio por medio de preguntas motivadoras.

La motivación o captación de la atención de los niños debe ser el primer y más importante paso que un maestro debe tomar si quiere tener éxito relatando historias a niños.

Comience preguntando algo que tiene que ver con la experiencia diaria de los niños. No haga preguntas que ellos no van a poder responder por estar muy lejos de sus vivencias diarias. Las preguntas deben estar relacionadas con el tipo de historia que usted va a relatarles.

Veamos un ejemplo: en el relato de la multiplicación de los cinco panes y dos peces, usted puede hacer las siguientes preguntas: ¿Cuándo fue la última vez que fueron a un día de campo?, ¿cuánto tiempo has pasado sin comer?, ¿cómo se siente cuando tienes hambre?, etc. Con estos puntos de contacto, los niños pueden identificarse con los personajes de la historia, y pondrán mucha más atención durante el desarrollo de la misma.

Después de la motivación, comience con el relato mismo. Al narrarlo tome en cuenta lo siguiente:
* Enfoque el aspecto principal del relato. No desvíe la atención con otros detalles, ni exageraciones que hacen perder al niño el mensaje principal.
* Haga uso de la imaginación con seriedad y precaución. Muchas veces por hacer una historia "muy interesante", grabamos en las mentes de los niños imágenes que no tienen nada que ver con el mensaje principal de la historia.

Por ejemplo, muchos de nosotros estábamos ya en la edad adulta cuando nos dimos cuenta que la Biblia no dice que los vecinos se burlaban de Noé mientras construía el arca.
* Presente el relato en forma interesante por medio de:
* Modulación o cambio de voz
* Diálogo imaginario
* Haciendo descripciones para ayudar a los niños a formar imágenes mentales
* Use adecuadamente las ayudas visuales como láminas, figuras, carteles, mapas, pizarrón. Tenga precaución de usar estas ayudas visuales como un recurso y nunca como un escudo para la mala preparación.
* Busque la participación activa de los niños mientras relata la historia. Con los niños más pequeños, por ejemplo, mientras relata la historia de Moisés, ellos pueden arrullar al bebé Moisés. Con los niños mayores motívelos a participar con sencillos diálogos, leyendo pasajes de la Biblia en momentos clave, contestando preguntas intercaladas en el relato.

Al terminar de contar el relato mismo, por medio de preguntas y otros recursos, asegúrese de que los niños han alcanzado la comprensión de lo que usted ha buscado comunicarles. De allí pase a la aplicación del relato. Este paso lo puede hacer también por medio de: una conversación dirigida, la presentación y solución de casos sencillos de la vida real, algún canto, etc. En este paso también puede comprobar si ha logrado un cambio de actitud en los alumnos.

Para asegurarse de que está incorporando todos estos elementos en el relato de la historia bíblica, tome en cuenta lo siguiente:
1. Pregúntese: ¿Qué espero lograr con la narración de este relato?
2. Familiarícese muy bien con el contenido y el orden del relato. Jamás lea el relato delante de los niños.
3. Considere con cuidado y anticipación el tipo de recursos o ayudas didácticas que usará.
4. Sobre todo, póngase en las manos del Señor, para que él la use en esta labor tan importante.

Carol Martínez

PROYECTOS

Proyecto de la Unidad 1
"Historias de Mi Biblia"
(Album)

Cada estudio los alumnos ilustrarán la historia bíblica. Al otro lado de la hoja escribirán el tema y versículo que memorizaron. Cada trabajo se colocará en una carpeta personal para cada alumno, o los alumnos pueden hacer sus propias portadas, usando cartón de colores.
Materiales: Hojas blancas, lápices o plumas de fieltro de color, o crayones, carpetas o cartón de fieltro de color, o crayones, carpetas o cartón de colores.

Proyecto para la Unidad 2
"Escritores de Mi Biblia" (Mural)

Cada estudio, los alumnos prepararán, entre todos, un cartel sobre el escritor estudiado. Pueden incluir: dibujos y recortes que ilustran la persona y el oficio del escritor, los nombres de los libros que escribió y algunos versículos del libro escrito. Cada cartel se colocará en la pared.
Materiales: 5 cartulinas, lápices y plumas de color o crayones, figuras que ilustran el oficio y ambiente del escritor, pegamento.

Proyecto de la Unidad 3
(Si desea, puede usar este proyecto para toda la serie.)
"Llavero de Enseñanzas Bíblicas"

Para cada estudio prepare una llave de cartón, como la de la ilustración, para cada alumno. El alumno escribirá el versículo para memorizar. Cuando el alumno termine de hacer todas las llaves, se ensartarán en un estambre de color.
Materiales: las "llaves" de cartón, plumas de fibra, lápices y crayones, estambre (lana).

PROYECTO CLUB 66
¿CUAL ES EL PROPOSITO DE ESTE PROYECTO?

El propósito de este proyecto es ayudar a los niños a aprender los nombres de los 66 libros de la Biblia en una manera interesante y divertida. Para llevarlo a cabo, es importante y necesario que cada niño tenga su propia Biblia.

¿COMO REALIZAR ESTE PROYECTO?

En cada estudio, deberá guiar a sus alumnos a memorizar, en una porción adecuada, una cantidad de los libros de la Biblia. Es recomendable que lo hagan por divisiones: Un día los libros de la Ley, otro día los libros de Historia, y así sucesivamente. Recuerde: lo más probable es que los alumnos menores no puedan lograr la meta de aprenderse todos los libros. Sin embargo, para sus alumnos que ya cursan tercer año de educación elemental, y que son inteligentes e inquietos, será un buen desafío.

De todas maneras, si decide realizar este proyecto, es importante que tenga también otro proyecto para escoger, como los sugeridos en la página 4, para los demás niños.

¿EN QUE CONSISTE ESTE PROYECTO?

Consiste en preparar 10 cartelones con los nombres de los 66 libros de la Biblia para ser colgados en una de las paredes del salón de clase.

¿COMO PREPARAR LOS MATERIALES PARA ESTE PROYECTO?

Cuatro son las clases de materiales que debemos preparar.

1. Carteles con los nombres de las dos grandes divisiones de los libros de la Biblia

| ANTIGUO TESTAMENTO | NUEVO TESTAMENTO |

2. Prepare 10 cartelones para colocar los nombres de los libros de la Biblia, según la división a la que pertenecen. Identifique cada cartel con el nombre correspondiente de una división.

3. Recorte 66 tarjetas de 13x7 cms. Escriba en cada una el nombre de un libro de la Biblia. Sepárelas según la división a la que pertenecen. Marque una línea de color alrededor del nombre del libro. Use distintos colores para las tarjetas de las distintas divisiones.

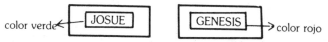

4. Para sujetar las tarjetas con los nombres de los libros de la Biblia en los respectivos cartelones, haga a estos últimos unos cortes diagonales en los lugares donde va a colocar las tarjetas con los nombres de la Biblia.

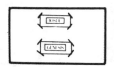

SERIE: La Biblia: El Libro de Dios
UNIDAD 1: La Biblia: El Libro de Dios.

1

PALABRAS DE DIOS PARA MI

BASE BIBLICA: Exodo 17:8-14
TEMA: La Biblia escrita por orden de Dios
PARA MEMORIZAR: Exodo 17:14a

▶ PLAN DE ENSEÑANZA

Qué Preparar Antes de la Clase

Meta de Enseñanza Aprendizaje: El alumno demostrará conocer que la Biblia fue escrita por un mandato de Dios, por medio de memorizar Exodo 17:14a y repetirlo personalizando a Moisés.

Maestro: Por medio de los estudios que iniciamos hoy, el niño conocerá más acerca de la Biblia, su origen y su mensaje. Esta es una oportunidad para conocer quiénes de sus alumnos tienen Biblias y quiénes no. Por medio de una nota, anime a los padres de familias cristianas, a proporcionar Biblias a sus hijos. Explíqueles que estudiarán acerca de ella y que es importante el que la tengan a mano. Si hay niños pobres o de familias no cristianas, pero que asisten fielmente a la clase, procure, por medio del pastor u otros miembros, conseguirles Biblias. Procure tener varias Biblias para uso en el salón de clase.

Como centro de interés, elabore una Biblia

▶ ACTIVIDADES DE APRENDIZAJE

Qué Hacer Durante la Clase

Al llegar sus alumnos, dirija su atención hacia el centro de interés.

Actividad Introductoria: Para que los alumnos conozcan acerca del contenido de la Biblia, en cada estudio deberá darles algunos datos acerca de la misma. Hoy mencione que la Biblia significa "libros", o sea una colección de libros. Enséñeles que la Biblia contiene sesenta y seis libros: treinta y nueve en el Antiguo Testamento (señáleles esta porción en la Biblia que llevó) y veintisiete en el Nuevo Testamento. Explíqueles que el Antiguo Testamento contiene libros escritos antes de la venida de Jesús, y que el Nuevo Testamento trata de Jesús y lo que ocurrió después de su venida.

Música: Preséntales el canto "La Biblia". Converse con los alumnos acerca de la letra de este himno.

Conversación: Sigan con el tema de la Biblia. Pregúnteles por qué es la Biblia un libro especial. Escuche sus respuestas. Comente que cada historia y versículo que está,

ilustración 1 — SANTA BIBLIA

ilustración 2 — "Y Jehová dijo a Moisés: Escribe esto para memoria en un libro..." EXODO 17:14a

DEL MAESTRO ◄

"grande" (50 cms. de alto por 25 de ancho, aproximadamente). Fórrela de negro con las orillas blancas y luego ponga en letras grandes: SANTA BIBLIA (vea ilustración).

Actividad Introductoria: Lleve a la clase una Biblia grande.

Música: *"La Biblia"*, *"La Biblia Es el Libro"* Prepárelos en carteles y úselos en diferentes oportunidades. Vea página 134 y 135.

Conversación: El tema será: Por qué la Biblia es un libro especial. Piense en una manera sencilla de transmitir que la Biblia es la Palabra inspirada por Dios.

Estudio de la Biblia: *Exodo 17:8-14*. Lea algo de la historia de Moisés en los primeros capítulos de Exodo. Cuando Dios dijo a Moisés que escribiera, él lo pudo hacer porque había aprendido a escribir en las escuelas del palacio de Egipto. Eran pocos los hebreos que sabían escribir, porque eran esclavos. Dios usó la estancia de Moisés en el palacio como parte importante de su preparación en la gran tarea que le dio. La historia de hoy indica el comienzo de escribir los acontecimientos del pueblo hebreo y el trato de Dios con ellos. Así como Dios reveló cosas del futuro a los profetas, reveló cosas del pasado a Moisés para que las escribiera.

Proyectos: En las páginas 72 y 73 de este libro, se sugieren varios proyectos. Seleccione el que considere más apropiado de acuerdo con su grupo y los materiales a su alcance.

Memorización: *Exodo 17:14a*. Prepare una "Biblia abierta", escriba en ella el texto para memorizar, con letras grandes y mejor si son de molde. (Vea ilustración 2 al final de la página 74 de este libro).

Hacia la Meta: Para que la personalización sea más interesante, lleve algunas telas o camisas largas con las que los alumnos puedan vestirse, toallas para la cabeza, y aun una caja que pueda representar la "piedra".

CON LOS ALUMNOS ◄

en la Biblia tiene una enseñanza para nosotros. Entonces, pida a varios niños que compartan brevemente su historia bíblica favorita.

Música: "La Biblia es el Libro".

Estudio de la Biblia: *Exodo 17:8-14*. Pregunte a los alumnos si saben cómo es que llegó la Biblia hasta nosotros. Dé oportunidad para que la mayoría expongan su opinión. Explíqueles que entre todos descubrirán cómo se comenzó a escribir la Biblia.

Antes de relatar la historia, ayude a los alumnos a recordar quién era Moisés (el bebé puesto en una canasta en el río, quien vivió en el palacio del Faraón y quien después libertó a los israelitas de los egipcios. También fue el que recibió de Dios los Diez Mandamientos). Entonces, cuénteles la historia tal como viene en la página 2 de la Hoja de Trabajo del Alumno.

Oración: De gratitud porque Dios mandó escribir su Libro.

Memorización: *Exodo 17:14a*. Guíe a sus alumnos a buscar la cita en sus Biblias. Subrayen el pasaje, y léanlo juntos. Después, realicen la actividad de la página 4 de la Hoja de Trabajo, luego reparta los rompecabezas que preparó con el versículo y permítales armarlo y repetirlo hasta memorizarlo.

Repaso y Aplicación: Deje bien claro en los alumnos que así como Moisés escribió parte de la Biblia, otras personas también contribuyeron a escribirla. Que Dios les daba la idea de lo que debían escribir y ellos obedecían. Haga preguntas de lo leído en la Hoja de Trabajo para ver si lograron captar el tema del estudio de hoy.

Proyectos: Explique a sus alumnos el proyecto seleccionado. Entréguéles los materiales y guíeles en la realización del mismo.

► **EVALUACION DEL PROCESO DE ENSEÑANZA-APRENDIZAJE** ◄

Cómo Comprobar los Resultados

Cada niño personalizará a Moisés y dirá Exodo 17:14a. Permita que los que deseen se vistan como Moisés.

SERIE: La Biblia: El Libro de Dios
UNIDAD 1: La Biblia: El Libro de Dios

2

DIOS CUIDÓ SU LIBRO

BASE BÍBLICA: 2 Crónicas 34:1-33
TEMA: La Biblia, el libro cuidado por Dios
PARA MEMORIZAR: Isaías 40:8b

▶ PLAN DE ENSEÑANZA

Qué Preparar Antes de la Clase

Meta de Enseñanza-Aprendizaje: El alumno demostrará conocer cómo Dios cuida su libro, la Biblia, por medio de participar en la clase en una dramatización del relato bíblico.

Maestro: La forma en que la Biblia se ha conservado a través de los siglos habla elocuentemente de la voluntad de Dios para con su libro. Muchos han tratado de exterminar la Palabra de Dios, pero no lo han logrado. Lo más interesante es que la Biblia fue escrita a través de muchos siglos, por muchos hombres diferentes, en diferentes lugares y hasta con diferentes materiales; pero Dios, con su mano divina, hizo que las Escrituras se integraran y se conservaran para el hombre a través de los siglos.

Centro de Interés: De muchas maneras se escribió y conservó la Biblia. Algunos libros fueron escritos sobre rollos de pergamino. También se usaron pieles de animales. Otras veces se escribió sobre materiales preparados

▶ ACTIVIDADES DE APRENDIZAJE

Qué Hacer Durante la Clase

Al llegar sus alumnos, salúdeles con alegría. Guíeles a observar lo que usted preparó para el Centro de Interés.

Actividad Introductoria: Entregue a los alumnos hojas de papel, lápices y colores para que dibujen algunas de las maneras en que la Palabra de Dios se escribió.

Memorización: *Isaías 40:8b.* Guíe a sus alumnos a encontrar el pasaje en sus Biblias, a leerlo y a subrayarlo. Explíqueles el versículo y guíeles a realizar la actividad de la página 4 de la Hoja de Trabajo.

Conversación: Usando el Centro de Interés y los dibujos de los niños como punto de partida, hablen de las maneras en que la Biblia fue escrita. Mencione a los niños que en esos días, aún no había máquinas de escribir, ni impresoras; ni siquiera lápiz y pluma, y que por tal motivo se usaron diferentes maneras de escribir la Palabra de Dios.

Música: Canten *"La Biblia Es el Libro"* y *"La Biblia".*

Estudio de la Biblia: *2 Crónicas 34:1-33.* Para introducir la historia, pregunte: ¿Cómo te sientes cuando encuentras algo que estaba perdido y que tú apreciabas mucho? Dé oportunidad para que los niños respondan. Presente el relato diciendo que hoy van a conocer qué hicieron algunas personas que encontraron algo muy especial que habían perdido. Comience, entonces, el relato:

Encontraron un Tesoro Perdido

Un día, el rey Josías, quien amaba a Dios, entró al templo para verlo. Hacía años que nadie iba a adorar a Dios en su templo. Cuando el rey vio en qué condiciones estaba, se asustó. "¡El templo de Dios no debe estar así!", exclamó.

Y es que el templo estaba en muy malas condiciones. Por todas partes había polvo y telarañas. El techo, las paredes y el piso tenían grandes grietas. ¡Qué triste se veía!

Entonces, el rey Josías mandó a lla-

DEL MAESTRO

de barro. Los Diez Mandamientos se escribieron sobre piedras. Será interesante para los alumnos ver estos elementos. Para hacer el rollo, use papel de 30 x 15 cms. y dos palitos de 20 cms. cada uno, para armar un rollo como los que se usaron para escribir la Biblia. Consiga muestras de cuero o cuerina y algunas piedras. En el fondo de una caja angosta de medio a un centímetro de profundidad, coloque yeso o arcilla. Con la punta de un palo escriba el versículo para memorizar, y deje que se seque.

Actividad Introductoria: Prepare Hojas de papel blanco y lápices de colores.

Memorización: *Isaías 40:8b*. Completarán la actividad de la página 4 de la Hoja de Trabajo.

Conversación: "Cómo la Biblia se ha conservado". Hablarán acerca de este tema.

Música: "La Biblia Es el Libro" y "La Biblia". Lleve los carteles que preparó anteriormente.

Estudio de la Biblia: *2 Crónicas 34:1-33*. Confeccione un rollo como los que se usaron para escribir la Biblia. Escriba en él lo siguiente: *"oye, Israel:... amarás a Jehová tu Dios de todo tu corazón, de toda tu alma y con todas tus fuerzas"*. Usará este rollo durante el relato. El relato bíblico nos muestra que si los encargados no hubieran ido al templo para repararlo, no hubieran encontrado el rollo. Generalmente, una persona que no va al templo tampoco lee la Biblia.

Durante largos años, Dios había cuidado el rollo, para que la gente lo volviera a leer y saber lo que quería de ellos. Es importante notar que aunque la gente lo había olvidado Dios lo conservó.

Repaso y Aplicación: Completarán la actividad de la página 3 de la Hoja de Trabajo.

Proyecto: Consulte la página 72 de este libro. Prepare con anticipación los materiales que va a necesitar para que los niños realicen el proyecto.

Hacia la Meta: Lleve un jarro, toallas, camisas viejas y/o telas para que los niños puedan vestirse para la dramatización.

CON LOS ALUMNOS

piar el templo. Mientras los hombres lo hacían, el sacerdote Hilcías vio unos rollos abandonados en un rincón. ¿Qué serían? Los levantó. Sopló para quitarles el polvo, y exclamó: "¡He hallado el Libro de la Ley!"

Safán, el escriba, se lo llevó a Josías y le leyó palabras como estas: "**Oye, Israel: ... Amarás a Jehová tu Dios de todo tu corazón y de toda tu alma y con todas tus fuerzas.**"

Josías, después de escuchar, se entristeció. Su pueblo había desobedecido a Dios. Cuando Safán le leyó las consecuencias de no obedecer a Dios, se alarmó. El rey reunió a todo el pueblo para escuchar la Palabra de Dios. Al terminar, todos prometieron seguir a Dios y guardar sus mandamientos.

Habían pasado ochocientos años desde que Moisés había escrito este libro. ¡Cómo lo había cuidado Dios! Aun estando perdido en el templo, Dios lo cuidó hasta que lo volvieron a encontrar.

Repaso y Aplicación: Cuando termine con la historia, diga a sus alumnos que la Biblia es como un tesoro por todo lo que nos enseña. Guíeles a completar la actividad de la página 3 de la Hoja de Trabajo.

Proyecto: Diríjales en la realización del proyecto que usted seleccionó, según las páginas 72 y 73 de este libro.

Oración: De gratitud, porque Dios ha cuidado su Libro.

EVALUACION DEL PROCESO DE ENSEÑANZA-APRENDIZAJE
Cómo Comprobar los Resultados

Permita a los alumnos escoger cuáles personajes de la historia bíblica desean ser. Reparta la indumentaria, y guíeles en la dramatización del relato. Esconda el rollo en el jarro que trajo, para que lo "encuentren" como parte de la dramatización. Coloque la corona en la cabeza del "rey".

SERIE: La Biblia: El Libro de Dios
UNIDAD 1: La Biblia: El Libro de Dios

3

LA BIBLIA ES PARA SIEMPRE

BASE BIBLICA: Jeremías 36
TEMA: La Biblia, el libro de Dios, es para siempre
PARA MEMORIZAR: Lucas 21:33

▶ PLAN DE ENSEÑANZA

Qué Preparar Antes de la Clase

Meta de Enseñanza-Aprendizaje: El alumno demostrará conocer que la Biblia, el libro de Dios, es para siempre, por medio de escuchar en la clase un relato actual sobre el tema e ilustrarlo con un dibujo.

Maestro: Podemos apreciar en el estudio de hoy que la voluntad de Dios siempre vencerá la voluntad del hombre. Como Joacim, a través de la historia ha habido hombres malos que han tratado de destruir la Biblia, pero Dios siempre ha hecho que su palabra perdure.

Actividad Introductoria: Prepare para cada niño una hojita de papel de envolver (5 x 10 cms.) y dos palitos de 8 cms. de largo.

Música: "La Biblia Es el Libro" y "La Biblia"

▶ ACTIVIDADES DE APRENDIZAJE

Qué Hacer Durante la Clase

Al llegar sus alumnos, salúdelos. Ayúdeles a sentir gozo al venir al templo para estudiar la Biblia, la Palabra de Dios.

Actividad Introductoria: Reparta los materiales que preparó para cada niño. Diríjalos para hacer un rollo como el que preparó para la memorización.

Música: "La Biblia Es el Libro" y "La Biblia".

Conversación: Hable con sus alumnos acerca de la importancia de tener la Biblia hoy. Dé oportunidad para que la mayoría participe. Explíqueles que la Biblia habla a todas las personas, de todos los tiempos y lugares, acerca de cómo pueden ser amigos de Dios. La Biblia nos da las mejores maneras de vivir.

Estudio de la Biblia: *Jeremías 36.* Enseñe a los niños dónde se encuentra el relato en la Biblia. Introduzca la historia de la siguiente manera: Cuando reciben una noticia que les causa mucha alegría, ¿qué hacen con ella? ¿A

DEL MAESTRO

que aparecen en las páginas 134 y 135 de este libro.

Conversación: Hablen de la importancia de que la Biblia se mantenga a través del tiempo.

Estudio de la Biblia: *Jeremías 36.* Estudie todo este capítulo. Hay algunos contrastes notables entre el rey Josías del estudio del domingo pasado y el rey Joacim del estudio de hoy; Josías fue padre del rey Joacim. Cuando Josías escuchó la Palabra de Dios, rasgó sus vestidos; por el contrario, Joacim, que fue muy malo, cortó el rollo y lo echó al fuego. Es importante notar el interés de Dios de que su palabra permaneciera. El mismo, volvió a inspirar a Jeremías para que Baruc escribiera. Le dio los mismos pensamientos y aun agregó otros de mucha importancia. Si Dios no hubiera intervenido dando nuevamente palabras a Jeremías, el libro hubiera muerto entre las llamas y hoy no lo conoceríamos. No ha sido esta la única ocasión cuando Dios intervino para preservar su palabra, por eso aún permanece.

Repaso y Aplicación: Prepare un títere para que cuente el relato actualizado que aparece en la sección Actividades bajo Repaso y Aplicación.

Memorización: Escriba el versículo para memorizar en un rollo. Ver ilustración.

Proyecto: Consulte la página 72 de este libro y prepare todos los materiales que necesitará para el proyecto que seleccionó.

Hacia la Meta: Prepare hojas de papel, crayones y lápices para que los niños dibujen.

CON LOS ALUMNOS

quiénes se la comparten? Un día Pedro recibió una buena noticia. A todos sus maestros y amigos se la contó. Poco a poco se fueron juntando más y más niños para escuchar la noticia que Pedrito tenía para contar. En la historia bíblica que hoy les voy a relatar, había algo que despertó mucho interés.

Siga con el relato de las páginas centrales de la Hoja de Trabajo y haciendo uso de las gráficas que ahí aparecen.

Haga la lectura muy despacio, para que los alumnos que ya saben leer puedan seguir la lectura con los ojos. Pida a alguno de los alumnos que describa una de las ilustraciones.

Oración: De gratitud por la Biblia, y porque es el Libro de Dios.

Proyectos: Dirija a sus alumnos en la realización del proyecto que escogió, según la página 72 de este libro.

Memorización: Guíe a sus alumnos a encontrar el pasaje en sus Biblias, a leerlo y a subrayarlo. Explique el significado del versículo. Coloque el rollo donde escribió el versículo, en un lugar visible, para que todos puedan copiar de allí el versículo y escribirlo en sus rollos.

Repaso y Aplicación: Utilizando el títere que trajo a la clase, cuénteles el siguiente relato actualizado, que servirá para la actividad que realizarán en la evaluación.

Había una vez un hombre malo que dijo que la Biblia no era la Palabra de Dios, y que él la iba a hacer desaparecer. Dio orden de que se recogieran todas las Biblias del país, y que se quemaran. ¡No debía quedar ni una sola! Los soldados cumplieron esta orden, recogiendo a la fuerza todas las Biblias y quemándolas.

Pero algunos pocos cristianos, arriesgando su vida, escondieron sus Biblias en lugares muy seguros, por ejemplo, enterrándolas en sus patios. Así, aunque revisaran las casas, no podrían encontrar las Biblias.

Cuando el hombre malo murió, los pocos cristianos, con las pocas Biblias que quedaron, empezaron a imprimir más Biblias. Así Dios protegió su Palabra, a pesar de que quisieron destruirla, porque su Palabra es para siempre.

➤ EVALUACION DEL PROCESO DE ENSEÑANZA-APRENDIZAJE ◀

Cómo Comprobar los Resultados

Los alumnos ilustrarán con un dibujo, el relato de actualidad escuchado durante el tiempo de Repaso y Aplicación.

SERIE: La Biblia: El Libro de Dios
UNIDAD 1: La Biblia: El Libro de Dios

LA BIBLIA TIENE PODER

BASE BIBLICA: Lucas 8:4-15.
TEMA: La Biblia: el libro de Dios, tiene poder para ayudar a aquellos que la leen y obedecen
PARA MEMORIZAR: Hebreos 4:12

PLAN DE ENSEÑANZA

Qué Preparar Antes de la Clase

Meta de Enseñanza-Aprendizaje: El alumno demostrará comprender que la Biblia tiene poder para ayudar a aquellos que la leen y la obedecen, por medio de identificar tres ilustraciones de obediencia a la Biblia.

Maestro: El estudio de hoy trata de lo que la Biblia puede hacer por aquellos que la leen y la obedecen. No se puede menospreciar la actitud de las personas que leen la Biblia; unas por curiosidad, otras como fuente de cultura, pero el que se acerca con corazón abierto, dispuesto a que el Espíritu Santo actúe, siempre resulta con bendición.

Música: *"La Biblia Es el Libro"* (pág. 134) y *"Santa Biblia para Mí"*. (No. 146 del Himnario Bautista).

ACTIVIDADES DE APRENDIZAJE

Qué Hacer Durante la Clase

Al llegar sus alumnos, salúdelos. Guíeles a repasar de una manera breve lo que hasta la fecha han aprendido acerca de la Biblia.
Música: Canten: "La Biblia Es el Libro" y "Santa Biblia para Mí".
Conversación: Pregunte: ¿Por qué la Biblia es tan importante? ¿Qué hace para nosotros? Dirija a los alumnos a mencionar todas las cosas que la Biblia tiene poder para hacer: nos lleva a la salvación, nos ayuda a conocer la voluntad de Dios, nos anima, etc.
Estudio de la Biblia: *Lucas 8:4-15.* Muestre a los niños las semillas, las piedras, las espinas y las plantas que trajo a la clase. Llame la atención a las siguientes preguntas: ¿Qué es necesario para que la semilla crezca? (un buen terreno, agua, luz, etc.). ¿Puede germinar una semilla si no tiene buena tierra? Hoy vamos a estudiar acerca de un hombre que sembró semillas en diferentes terrenos. Presten atención para que sepan qué sucedió. Divida a los alumnos en cuatro grupos. El primer grupo leerá los versículos 4-6, el segundo 7-9, el tercero 10-12 y el cuarto los versículos 13 y 14. Al terminar, siga con el relato tomando como base el que aparece en la Hoja de Trabajo. Es muy importante que deje bien claro la relación que se hace: que la semilla es la palabra de Dios que llega al hombre (la tierra). Haga comparaciones entre los objetos que llevó y el corazón del hombre. Deje bien claro que la Biblia tiene poder para llegar hasta un corazón tan duro como la piedra. Este poder está en la Biblia porque es la palabra de Dios. En ella podemos encontrar palabras de consuelo, paz y maneras de vivir mejor con otras personas. Ante todo, tiene poder para ense-

"La Palabra de Dios es Viva y Eficaz"

DEL MAESTRO

Conversación: ¿Qué hace la Biblia para nosotros? Piense en maneras de dirigir la conversación en torno a esta pregunta.

Estudio de la Biblia: *Lucas 8:4-15*. Lea este, pasaje y medite en él varias veces. Prepárese para explicar bien a los niños el significado de esta parábola. La semilla equivale a la palabra de Dios, el campo al mundo y el terreno a los diferentes tipos de personas que escuchan la palabra de Dios. Haga hincapié en que cuando la palabra de Dios cae en buen terreno (corazón sensible) ésta se multiplica igual que la semilla y da fruto. Reflexione sobre el poder que tiene la Palabra de Dios (Biblia) para cambiar a una persona que la lee y obedece. Medite en la importancia de crear en sus alumnos el buen hábito de leer la Biblia todos los días. Para motivar la clase lleve algunas semillas, un frasco con piedras, otro frasco con espinas y una planta con flores. Si no puede conseguir lo sugerido, haga dibujos de lo mismo.

Repaso y Aplicación: Estudie los datos presentados en el Repaso y Aplicación de Actividades, para que se los pueda presentar a sus alumnos.

Memorización: *Hebreos 4:12*. En una cartulina grande, escriba el versículo en el centro. Lleve revistas cristianas que tengan cuadros de personas usando la Biblia.

Hacia la Meta: Los alumnos completarán la actividad de la página 4 de sus Hojas de Trabajo.

CON LOS ALUMNOS

ñarnos que Dios nos ama. Si seguimos lo que la Biblia enseña, nos evitaremos muchos momentos desagradables.

Oración: De gratitud, por todo lo que la Biblia hace para nosotros.

Repaso y Aplicación: Para que los niños continúen conociendo algunos datos acerca de la Biblia, comparta lo siguiente con ellos. Es preferible que use un cartel con la misma información, para que los niños puedan recordarlo mejor y repasarlo durante la semana.

Explique a los niños que mucho antes de que viniera Jesús, la única manera en que las personas podían agradar a Dios era obedeciendo sus leyes. Mencione los Diez Mandamientos como punto de referencia. Dígales que Moisés era el que les transmitía las leyes de Dios, y que las escribió en los primeros cinco libros del Antiguo Testamento: Génesis, Exodo, Levítico, Números y Deuteronomio. Entonces establezca la diferencia después de cuando vino Jesús. Dígales que cuando Jesús vino, que aunque Dios quería que lo siguieran obedeciendo, estableció que para estar cerca de él y agradarle, era necesario que creyeran que Jesús era el Hijo de Dios, y que se escucharan las enseñanzas de él. Mencione que la vida y las enseñanzas de Jesús están en los primeros cuatro libros del Nuevo Testamento, o sea los Evangelios: Mateo, Marcos, Lucas y Juan.

Anime a los niños mayores a aprender los nombres de estos libros de la Biblia.

Memorización: *Hebreos 4:12*. Dirija a sus alumnos a encontrar en sus Biblias el pasaje. Léanlo juntos y subráyenlo. Explique los conceptos difíciles. Permita que los niños hagan la actividad de la página 3 de la Hoja de Trabajo. Después de memorizar el versículo, ilustrarán la cartulina con cuadros que muestren el uso de la Biblia.

Proyecto: Guíe a sus alumnos a completar la actividad del proyecto de esta Unidad. Que los niños muestren sus proyectos a los demás, si tiene algún lugar visible en donde colocarlos, hágalo. Felicite a todos por sus trabajos.

➤ EVALUACION DEL PROCESO DE ENSEÑANZA-APRENDIZAJE ◄

Cómo Comprobar los Resultados

Guíe a los alumnos a realizar la actividad de la página 4 de sus Hojas de Trabajo. Léales las instrucciones y los versículos para que ellos solamente contesten.

SERIE: La Biblia: El Libro de Dios
UNIDAD 2: La Biblia: Escrita por Hombres Elegidos

5

UN REY QUE ESCRIBIO

BASE BIBLICA: 1 Reyes 1:38-40; 2:1-3; 3:3-15
TEMA: Un rey elegido para escribir parte de la Biblia
PARA MEMORIZAR: 1 Reyes 3:9

▶ PLAN DE ENSEÑANZA

Qué Preparar Antes de la Clase

Meta de Enseñanza-Aprendizaje: El alumno demostrará su comprensión de que Dios eligió un rey para escribir parte de la Biblia, por medio de reconocer un proverbio de Salomón y unirlo a la ilustración que muestra su cumplimiento.

Maestro: Hoy iniciamos una nueva Unidad: "La Biblia: Escrita por Hombres Elegidos". Ayude a sus alumnos a conocer que la Biblia fue inspirada por Dios, pero que él eligió a hombres especiales para escribir lo que él deseaba que escribieran. Es interesante notar las diferencias entre los hombres que Dios usó para escribir: reyes como David y Salomón, sencillos pastores como Amós, hombres preparados como Moisés y Pablo, pescadores como Pedro y Juan y profesionales como Lucas.

▶ ACTIVIDADES DE APRENDIZAJE

Qué Hacer Durante la Clase

Al llegar sus alumnos, salúdelos. Que observen los materiales acerca de la Biblia que ha ido colocando en las paredes a través de los estudios (proyectos, carteles con información bíblica, etc.).

Actividad Introductoria: Realice con los alumnos el ejercicio "¿Quieres aprender a manejar tu Biblia?".

Conversación: Pregunte a los niños quiénes son y qué hacen los reyes. Después de que hayan respondido, explíqueles brevemente que David y después su hijo Salomón, fueron reyes de Israel. Mencione que fueron reyes muy poderosos que adoraban a Dios, y que ambos contribuyeron a escribir la Biblia.

Música: "Santa Biblia para Mí", "La Biblia Es el Libro".

Estudio de la Biblia: *1 Reyes 1:38-40; 2:1-3; 3:3-15.* Como introducción, pregunte: "Si alguien te dijera: 'Pídeme lo que quieras y te lo daré', ¿qué pedirías?" (Dé tiempo para que los niños contesten.) "Esta pregunta se le hizo al personaje de la historia que les voy a relatar." Prosiga con el relato.

El Rey Salomón

Salomón era el nuevo rey de Israel. Dios lo amaba mucho, porque Salomón era obediente y lo adoraba. Una noche, en sueños, Dios le dijo a Salomón: "Pídeme lo que quieras, y yo te lo daré." Había muchas cosas que Salomón podía pedir: Podía pedir ser el hombre más rico del mundo. Pudo haber pedido ser famoso, o un rey poderoso que controlara muchos países. Sin embargo, Salomón quería ser

"Da, pues, a tu siervo corazón entendido..."
1 Reyes 3:9

DEL MAESTRO ←

Actividad Introductoria: Use la actividad ¿Quieres Aprender a Manejar tu Biblia?, de la página 4 en la Hoja de Trabajo.
Conversación: En un diccionario bíblico, lea algo de la biografía de Salomón. Extraiga solamente aquellos datos que puedan ser de interés para los chicos de su clase.
Música: "Santa Biblia para Mí". No. 146 Himnario Bautista. "La Biblia Es el Libro."
Estudio de la Biblia: 1 Reyes 1:38-40; 2:1-3, 3:3-15. Medite en estos pasajes. Pida a Dios que le dé sabiduría en la preparación de la clase.

Sin duda, Dios escogió a Salomón como un instrumento para escribir una parte de la Biblia, porque éste había mostrado humildad ante Dios y estaba dispuesto a obedecerlo y seguirlo. Salomón se destacó en la parte poética de la Biblia. Sus proverbios han sido reconocidos como de gran sabiduría. El consejo que David dio a Salomón, es válido todavía y puede ser transmitido a los niños. Salomón tuvo un buen principio, pero, qué diferente hubiera sido el resto de su vida si hubiera seguido fielmente el consejo de su padre. Sin embargo, Dios lo eligió para escribir tres libros de la Biblia.

Repaso y Aplicación: Prepárese para compartir con los alumnos los nombres de los libros que escribió Salomón.
Memorización: 1 Reyes 3:9. Prepare el versículo para memorizar de la siguiente manera: Dibuje en cartulina una corona y divídala en tres partes (prepare una por cada tres niños). Meta en un sobre todas las piezas (vea ilustración en pág. 82).
Proyecto: Hoy les corresponde trabajar en el proyecto "Escritores de Mi Biblia". Vea página 72 de este libro.
Hacia la Meta: Use la actividad "Un proverbio que escribió el rey Salomón", en la página 4 de la Hoja de Trabajo.

CON LOS ALUMNOS ←

un buen rey, y sabía que sólo podía lograr esto si le pedía a Dios algo muy importante. "Dios", le dijo, "tú sabes que soy joven y me falta experiencia. Lo que necesito es sabiduría para poder guiar a este tu pueblo, y para juzgar correctamente entre lo bueno y lo malo." Dios se agradó mucho por lo que Salomón le pidió. Le dio la sabiduría que había pedido. Además, le dio muchas riquezas, poder y fama.

Salomón fue conocido por todos los lugares como un rey muy sabio y como dueño de muchas cosas hermosas. Gente importante y gente sencilla venían de todas partes del mundo para conocerlo y escucharlo.

Salomón escribió tres libros de la Biblia: Proverbios, Eclesiastés y Cantares. Estos libros contienen muchos consejos.

Memorización: *1 Reyes 3:9.* Reparta a cada niño una pieza de las coronas que preparó. Entonces todos deberán buscar sus piezas compañeras, formar su corona, leer el versículo y repetirlo de memoria. Cuando hayan terminado, ayude a sus alumnos a encontrar el mismo versículo en sus Biblias, para que lo subrayen. Que los alumnos hagan el ejercicio en la página 3 de la Hoja de Trabajo.

Repaso y Aplicación: Muestre a los niños donde se encuentran los tres libros que escribió Salomón.

Proyecto: Explíqueles los detalles del nuevo proyecto que escogió. Distribuya los materiales y organícelos para que puedan cumplir con el proyecto.

→ EVALUACION DEL PROCESO DE ENSEÑANZA-APRENDIZAJE ←
Cómo Comprobar los Resultados

Guíe a sus alumnos en la realización del ejercicio "Un proverbio que escribió el rey Salomón". Tendrán que reconocerlo y unirlo a las ilustraciones que muestran su cumplimiento.

SERIE: La Biblia: El Libro de Dios
UNIDAD 2: La Biblia: Escrita por Hombres Elegidos.

UN PASTOR DE OVEJAS QUE ESCRIBIO

BASE BIBLICA: Amós 1:1; 7:10-17
TEMA: Un pastor elegido para escribir parte de la Biblia
PARA MEMORIZAR: Amós 5:14

▶ PLAN DE ENSEÑANZA

Qué Preparar Antes de la Clase
Meta de Enseñanza-Aprendizaje: El alumno demostrará su comprensión de que Dios eligió a un pastor para escribir parte de la Biblia, por medio de participar en un diálogo imaginario con Amós.

Maestro: La tarea de Amós fue la de exhortar al pueblo de Israel a volver a los caminos de Dios. Israel, en ese entonces, estaba disfrutando de mucha prosperidad y, como resultado, se había olvidado de Dios. Los israelitas se habían convertido en verdaderos materialistas, corruptos y explotadores.

Amós estaba ocupado cuando Dios le llamó; pero dejó su trabajo para obedecerle. Dios busca personas ocupadas, quienes han sido fieles en lo poco, para que le sirvan. ¿Hemos sido fieles en lo poco? ¿Estamos dispuestos a servirle en lo mucho?

Actividad Introductoria: Collage. *Materiales:* Lana (estambre), pedazos de tela,

▶ ACTIVIDADES DE APRENDIZAJE

Qué Hacer Durante la Clase
Al llegar los alumnos, salúdelos. Pregúnteles acerca de sus actividades durante la semana, ayúdeles a sentir alegría por la oportunidad de venir a la casa de Dios para adorar.
Actividad Introductoria: Collage: Los alumnos usarán los materiales citados para hacer una escena pastoral de Amós.
Conversación: Hablen del significado de "buscar lo bueno y no lo malo" ¿Cómo se busca lo malo? ¿Qué daños nos puede hacer esa costumbre? ¿Cómo podemos buscar lo bueno? ¿Qué beneficios nos trae esto?
Música: "La voz de Dios".

Oración: Por motivos de gratitud y peticiones que hagan los niños.
Estudio de la Biblia: *Amós 1:1; 7:10-17.* Como introducción al estudio de hoy, pregúnteles el nombre del escritor bíblico que conocieron el domingo pasado, y lo que hacía. Dígales que hoy van a conocer a otro. Presente a "Amós" para que dé su historia como sigue.

El Pastor Que Escribió

Me llamo Amós. Soy pastor de ovejas. Sin embargo, un día estaba en el campo cuidando las ovejas cuando escuché la voz de Dios. El me dijo que debía dejar

84

DEL MAESTRO ◄

algodón, palitos, plumas de fibra, un cartón de color para cada alumno.
Música: *"La Voz de Dios".* No. 8 del Cancionero para Niños C.B.P.
Conversación: Hablarán acerca del tema: "Buscad lo bueno y no lo malo".
Estudio de la Biblia: *Amós 1:1; 7:10-17.* Si hay un maestro varón en la clase, dígale que se prepare para dar el estudio en forma de personalización. También puede invitar a otro hermano, joven o adulto, para que lo haga —sólo deberá proporcionarle con anticipación el relato aquí impreso, y la lista de preguntas que los alumnos le harán en la sección de Evaluación. Será mucho más interesante y real para los niños si "Amós" usa vestimenta de los tiempos bíblicos.

Memorización: Amós 5:14a. Prepararán el texto en forma de collage (vea ilustración en página 84). Luego, completarán la actividad de la página 4 de la Hoja de Trabajo.

Repaso y Aplicación: Compartirá con los alumnos la información sobre los profetas. Vea sección Actividades.

Proyecto: Consulte la página 72 de este libro, para saber cómo realizar el proyecto correspondiente y preparar los materiales que va a necesitar.

Hacia la Meta: Los alumnos harán las siguientes preguntas al que personalice a Amós:
1. ¿Dónde nació?
2. ¿Qué estaba haciendo cuando Dios lo llamó?
3. ¿Qué le dijo Dios?
4. ¿A dónde fue a predicar?
5. ¿Qué cosas malas hacía la gente de Israel?
6. ¿Cuál fue el mensaje de Dios a los israelitas?

Prepare estas preguntas en pequeños papeles y repártalos con tiempo tanto a los que harán las preguntas como al que tendrá que responderlas (Amós).

CON LOS ALUMNOS ◄

mi ciudad y mi trabajo para ir a predicar al pueblo de Israel. Aunque estaba muy ocupado, obedecí a Dios y fui a predicar. Prediqué diciendo que Dios iba a castigar las naciones vecinas por el mal que habían hecho contra Israel. Esto les pareció muy bien; pero cuando les dije que Dios también les iba a castigar a ellos, se enojaron mucho, y ya no me quisieron escuchar.

Israel era entonces un pueblo muy rico, y no adoraban a Dios, ni guardaban sus leyes. Merecían ser castigados por Dios. Les recordé todo lo que Dios había hecho por ellos; les exhorté que hicieran lo bueno y no lo malo.

Cuando terminé de predicar todos los mensajes que Dios tenía para ellos, regresé a mi pueblo. Allí Dios me guió a escribir esos mensajes en rollos, porque era importante que su pueblo los tuviera por escrito.

Ahora tienes estos mensajes en tu Biblia, en el libro de Amós.

Memorización: Amós 5:14a. Guíelos a buscar y subrayar en las Biblias el versículo. Explíqueles que estas son palabras de consejo que un profeta, escogido por Dios, dijo a la gente que acostumbraba a hacer lo malo. Aplíquelo a la vida actual al guiarlos a realizar el ejercicio que aparece en la página 4 de la Hoja de Trabajo. Luego, escribirán el texto para memorizar en el collage que prepararon en la actividad introductoria.

Repaso y Aplicación: Explique a los alumnos que Amós era un profeta porque dijo al pueblo los mensajes que Dios le dio a él. Mencione que hay 17 libros de profetas en la Biblia. Prepare un cartel con los nombres de estos libros.

Proyecto: Guíelos a la realización del proyecto correspondiente.

► EVALUACION DEL PROCESO DE ENSEÑANZA-APRENDIZAJE ◄
Cómo Comprobar los Resultados
Los alumnos participarán en un diálogo imaginario con el que personalizó a Amós. Usarán las preguntas que usted previamente repartió.

85

SERIE: La Biblia: El Libro de Dios
UNIDAD 2: La Biblia: Escrita por Hombres Elegidos

7

LUCAS: MEDICO Y ESCRITOR

BASE BIBLICA: Lucas 1:1-4; Hechos 1:1, 2; Colosenses 4:14.
TEMA: Un médico elegido para escribir parte de la Biblia
PARA MEMORIZAR: Lucas 1:4

▶ PLAN DE ENSEÑANZA

Qué Preparar Antes de la Clase

Meta de Enseñanza-Aprendizaje: El alumno demostrará su comprensión de que Dios eligió un médico para escribir parte de la Biblia, por medio de completar un ejercicio sobre Lucas 1:4 y memorizarlo.

Maestro: Lucas es otro ejemplo de la diversidad de personas a quienes escogió Dios para que escribieran. Lucas escribió dos libros, el Evangelio de Lucas y el libro de Hechos de los Apóstoles, que parece que originalmente formaban un solo volumen.

Actividad Introductoria: Dibuje en cartulina varias siluetas de instrumentos médicos, para que los niños las utilicen en el período de memorización.

Conversación: Presente a los alumnos el hecho de que Lucas fue así como un "médico misionero". Hablen de cómo las personas, sea

▶ ACTIVIDADES DE APRENDIZAJE

Qué Hacer Durante la Clase

Al llegar sus alumnos, salúdelos. Comuníqueles el gozo que siente por tenerlos con usted para aprender de la Biblia.

Actividad Introductoria: Entregue a los niños las cartulinas donde dibujó las siluetas, para que las recorten y las tengan listas para usarlas en el período de memorización.

Conversación: Mencione a los alumnos que Lucas, además de ser escritor, fue un médico que viajó a muchas partes con el apóstol Pablo para contar a otros acerca de Jesús. Pregunte a sus alumnos qué quisieran ellos ser cuando sean grandes. Pregúnteles cómo creen que podrán ellos contar a otros de Jesús si escogen tal o cual ocupación. Permítales "hacer volar" un poco su imaginación.

Música: El canto que usted haya decidido enseñar o los que han venido siendo parte de la serie.

Estudio de la Biblia: *Lucas 1:1-4; Hechos*

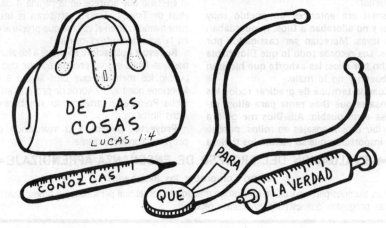

DEL MAESTRO

cual sea su ocupación, pueden hablar a otros de Jesús.

Música: Los cantos que han venido entonando durante los estudios o algún otro que usted pueda enseñar, relacionado con el tema de estudio.

Estudio de la Biblia: *Lucas 1:1-4; Hechos 1:1, 2; Colosenses 4:14.* La presentación de este estudio será diferente. Pida la dirección de Dios en su preparación. El propósito de Lucas al escribir, fue que su amigo Teófilo conociera la verdad acerca de Jesús. El propósito de Dios al elegir a Lucas como escritor, fue que todos conociéramos la verdad acerca de él.

Por considerarlo de importancia, incluimos algunos datos de Lucas, el médico escogido por Dios: Lucas, era médico, de la clase culta, posiblemente originario de Antioquía. Parece que acompañó a Pablo desde su segundo viaje misionero y aun en sus prisiones estuvo con él. Escribía griego y tenía el don de narrar. Sus escritos están dirigidos a "Teófilo", realmente, a los gentiles convertidos a Cristo.

Repaso y Aplicación: Les explicará a grandes rasgos el contenido de los dos libros que escribió Lucas: su Evangelio y el libro de Hechos de los Apóstoles.

Memorización: Use las siluetas que van a preparar en la actividad introductoria.

Proyecto: Consulte la página 72 de este libro para preparar con tiempo los materiales y conocer los pasos que deben seguir para concluir el proyecto.

Hacia la Meta: Usarán la actividad de la página 4 en la Hoja de Trabajo para ayudarles a memorizar el texto.

Oración: Haga tarjetas con el nombre de algunas personas de su iglesia que hacen un trabajo misionero, como Lucas.

CON LOS ALUMNOS

1:1, 2. Colosenses 4:14. Recuerde a los alumnos los nombres y oficios de los dos escritores ya estudiados. Dígales que hoy conocerán a Lucas. Ponga énfasis en que Dios eligió a Lucas para escribir. Proceda así: usando el contenido de las páginas centrales de la Hoja de Trabajo, anímelos a contestar a la pregunta: ¿Quién era Lucas? Pídales también, que lean Colosenses 4:14. Finalmente, continúe con las otras preguntas que aparecen en el relato.

Repaso y Aplicación: Amplíe la información dada durante el estudio de la Biblia. Explíqueles que el Evangelio de Lucas es sólo uno de los cuatro libros que nos hablan de la vida de Jesús. Pregúnteles si conocen cuáles son los otros tres. Si no responden, mencione usted cuáles son. Explíqueles también que cuando Jesús murió, había muy poca gente que realmente lo habían aceptado como su Salvador. Por eso, fue importante que personas como Lucas y Pablo fueran a muchas ciudades y países para hablar a las personas de Jesús. Así, se formaron las iglesias. Menciónales que el libro de Hechos contiene esas experiencias.

Memorización: Guíelos a escribir las palabras del texto para memorizar en las siluetas que prepararon en la actividad introductoria. Vea ilustración en página 86. Déles oportunidad para que jueguen con las siluetas y así refuercen el aprendizaje del versículo.

Proyecto: Reparta a sus alumnos los materiales para que sigan realizando el proyecto de la Unidad.

Oración: De gratitud por los misioneros como Lucas, que hablan a otras personas de Cristo.

►EVALUACION DEL PROCESO DE ENSEÑANZA-APRENDIZAJE◄

Cómo Comprobar los Resultados

Los alumnos deberán completar la actividad de la página 4 de la Hoja de Trabajo y explicar su significado.

SERIE: La Biblia: El Libro de Dios
UNIDAD 2: La Biblia: Escrita por Hombres Elegidos

8
UN MISIONERO QUE VIAJABA Y ESCRIBIA

BASE BIBLICA: Hechos 9:1-19; 13:1, 2, 46; 2 Corintios 2:3, 4, 9
TEMA: Un misionero elegido para escribir parte de la Biblia
PARA MEMORIZAR: Filipenses 4:4

▶ PLAN DE ENSEÑANZA

Qué Preparar Antes de la Clase

Meta de Enseñanza-Aprendizaje: El alumno demostrará su comprensión de que Dios eligió a un misionero, para escribir parte de la Biblia, por medio de ordenar una secuencia de seis eventos en la vida de Pablo.

Maestro: La vida de Pablo nos demuestra que Dios puede usar a diversas personas para su servicio, una vez que éstas se dejen transformar por él. Pablo, o Saulo como anteriormente se llamaba, fue antes de su conversión un hombre cruel, llevando hasta el martirio a hombres, mujeres y quizá niños que profesaban a Cristo. Pero una vez trans-

▶ ACTIVIDADES DE APRENDIZAJE

Qué Hacer Durante la Clase

Al llegar sus alumnos, salúdelos. Ayúdelos a recordar los datos que hasta el momento han aprendido acerca de la Biblia.

Actividad Introductoria: Harán prendedores como el de la ilustración, y los colocarán en su ropa.

Música: "La Biblia Es el Libro".

Oración: De gratitud por los amigos porque podemos compartir con ellos lo que dice la Biblia.

Conversación: Hable con sus alumnos acerca de las diversas labores que emprenden los misioneros, tanto nacionales como extranjeros: Cómo van a diferentes partes del país y también a países extranjeros para hablar a otros de Jesús. Pregúnteles qué dificultades creen que enfrentan los misioneros. Finalmente, si tienen un invitado, es el momento para que éste participe.

Estudio de la Biblia: Como introducción enseñe a la clase los dos objetos de "antes" y "después". Diga que hoy van a conocer a otro hombre que escribió en la Biblia: cómo era antes y cómo fue después. Entonces prosiga con el siguiente relato:

Pablo, Antes y Después

Pablo amaba a Dios, pero no creía que Jesús era el Hijo de Dios. Creía que las personas que decían esto estaban equivocadas; las buscaba y las metía a la cárcel. Un día iba rumbo a Damasco para buscar a más cristianos y apresarlos. De repente, vino una luz brillante, tan brillante, que lo hizo caer al suelo, y lo dejó ciego.

Desde el cielo, una voz le dijo: "¿Por qué me persigues?" Pablo estaba muy sorprendido; probablemente asustado también. "¿Quién eres?", preguntó. La voz le contestó: "Yo soy Jesús, a quien tú persigues."

Pablo inmediatamente se dio cuenta de que él había estado muy equivocado:

DEL MAESTRO

formado por el Señor, convirtió a miles y escribió documentos inspirados por Dios que contienen muchas de las doctrinas de nuestra fe cristiana. Desde que Dios lo transformó a usted, ¿cuánto le ha permitido que haga en su vida?

Actividad Introductoria: "Prendedores". Corte de cartón círculos de 8 cms. de diámetro. Necesitará plumas de fibra (delgadas) y alfileres. Vea ilustración en página 88.

Música: *"La Biblia Es el Libro*, (pág. 134).

Conversación: Tema: ¿Qué hacen los misioneros? Si tiene alguien que pudiera hablar acerca de esto, invítelo.

Estudio de la Biblia: *Hechos 9:1-19; 13:1, 2, 46; 2 Co. 2:3, 4, 9;* para ampliar su información, lea también: *6:11-40; Filipenses 4:4, 10-20*. Para la presentación de la historia, lleve dos objetos de la misma clase, uno que represente el "antes" y el otro el "después". Puede ser un par de zapatos de niño, uno enlodado, y el otro bien limpio y brillante. Medite en que fue necesario algo drástico para convencer a Pablo de que Jesús era el Cristo. Una vez convertido su vida cambió totalmente.

Repaso y Aplicación: Prepárese para explicar brevemente a los alumnos acerca de las "cartas" que escribió Pablo.

Hacia la Meta: Los alumnos ordenarán la secuencia de dibujos que se encuentran en las páginas centrales de la Hoja de Trabajo.

CON LOS ALUMNOS

que Cristo sí era el Hijo de Dios. "¿Qué quieres que haga?", le preguntó. Jesús, desde el cielo, le contestó: "Levántate, y entra en Damasco. Allí se te dirá lo que has de hacer."

Los compañeros llevaron a Pablo a Damasco, en donde estuvo en una casa, ciego y solo, esperando por tres días. Entonces Dios mandó a un cristiano llamado Ananías, por medio de quien Pablo pudo recuperar la vista. Además, Ananías le dijo a Pablo que había sido escogido por Dios para que hablara a otros de Jesús.

Pablo obedeció. Fue a muchas partes para hablar a la gente acerca de Jesucristo. En casi todos los lugares a donde fue, mucha gente creyó. Se formaron muchas iglesias.

Porque Pablo no podía quedarse por mucho tiempo en los lugares a donde iba, escribió cartas a estas iglesias. Las cartas daban ánimo y consejo a los nuevos cristianos para que pudieran servir mejor a Jesús. Muchas de estas cartas están ahora en la Biblia. Ayudan también a los cristianos de hoy.

Repaso y Aplicación: Por medio de preguntas, repase la vida de Pablo, su vida de misionero, y su contribución a la Biblia. Mencione las cartas escritas por Pablo.

Memorización: *Filipenses 4:4*. Pida que busquen el texto en la Biblia, que lo lean, subrayen y aprendan de memoria. Diga que estas son palabras de ánimo que Pablo escribió a los creyentes de Filipos. Como la Biblia es para todos, estas palabras son para nosotros también. Conversen de lo que significa para los niños el gozarse en el Señor (confiar en él, obedecerlo, sentir que está cerca). Después pueden realizar la actividad de la pág. 4 de la Hoja de Trabajo.

Proyecto: Dirija a sus alumnos en la realización del proyecto.

Oración: De gratitud por el ejemplo de la vida de Pablo.

EVALUACION DEL PROCESO DE ENSEÑANZA-APRENDIZAJE

Cómo Comprobar los Resultados

Para que los alumnos repasen acerca de la vida y ministerio del misionero Pablo, diríjales a ordenar la secuencia de dibujos en las páginas centrales de la Hoja de Trabajo. Después, comenten acerca de la contribución de Pablo en la Biblia.

SERIE: La Biblia: El Libro de Dios
UNIDAD 2: La Biblia: Escrita por Hombres Elegidos

UN PESCADOR QUE ESCRIBIO DE JESUS

BASE BIBLICA: Mateo 4:21, 22; Juan 20:31; Apocalipsis 1:1, 4, 9-19
TEMA: Un pescador elegido para escribir parte de la Biblia
PARA MEMORIZAR: Apocalipsis 1:3

▶ PLAN DE ENSEÑANZA

Qué Preparar Antes de la Clase

Meta de Enseñanza-Aprendizaje: El alumno demostrará su comprensión de que Dios eligió a un pescador, para escribir parte de la Biblia, por medio de escribir los nombres de los libros que escribió Juan, al lado de la descripción del contenido de cada uno.

Maestro: Hemos llegado al final de la Unidad 2: La Biblia Escrita por Hombres Elegidos. Medite en cómo Dios usó a cada uno de estos escritores, y cómo han sido de bendición para nuestras vidas a través de los años. Seguramente, estos hombres jamás imaginaron el impacto que sus escritos tendrían a través de los siglos. Probablemente, Dios no le ha llamado a usted a un ministerio con cientos de miles de personas, pero sí

▶ ACTIVIDADES DE APRENDIZAJE

Qué Hacer Durante la Clase

Al llegar sus alumnos, salúdelos. Guíeles en un breve repaso de los diversos escritores acerca de quienes han estado estudiando.

Actividad Introductoria: *Memorización: Apocalipsis 1:3.* Busquen, subrayen y lean juntos, en la Biblia, el versículo. Dé el significado de "Bienaventurado" (feliz), "profecía" (palabra) y guardar (obedecer). Diga que este versículo dice que es feliz la persona que hace con la Biblia las tres cosas mencionadas. Pida a los niños que les encuentren en el versículo (leer, oír y obedecer la Biblia). Pregúnteles cuáles de las tres pueden hacer ellos. Guíeles a completar el ejercicio La Biblia Dice, en la página 3 de la Hoja de Trabajo. Entregue las tiras con las palabras del versículo para que las pongan en orden y lo aprendan.

Música: "La Biblia Es el Libro".
Oración: Tome en cuenta las peticiones y los motivos de gratitud de los niños.
Conversación: Hable acerca de los pescadores, y cómo nos ayudan. También aproveche el tiempo para hablar a los niños acerca de otros escritores que escribieron en la Biblia.
Estudio de la Biblia: *Mateo 4:21, 22; Juan 20:31; Apocalipsis 1:1-4, 9-19.* Hoy conocerán al escritor que escribió el último libro de la Biblia, más otros cuatro. Siga con la historia como está presentada. Al terminar pídales que le digan algo que escribió Juan (dirán el versículo de memoria). Pídales que digan tres cosas que este versículo nos enseña que debemos hacer con la Biblia (leerla, escucharla y obedecerla), y pregunte cómo será la persona que las hace (feliz).

DEL MAESTRO

espera que desempeñe su ministerio fielmente con los pocos o muchos alumnos que tiene. ¿Cuál es el impacto que usted está produciendo en la vida de estos niños?

Actividad Introductoria: Memorización: Apocalipsis 1:3. Escriba cada palabra del versículo en tiras de papel.

Música: *"La Biblia Es el Libro"*. (pág. 134).

Oración: Haga en el pizarrón una lista de las necesidades de los alumnos.

Conversación: Hablen brevemente acerca de los pescadores. ¿Cómo pueden ellos hablar a otros de Jesús? Prepárese para dar datos interesantes acerca de otros escritores de la Biblia.

Estudio de la Biblia: *Mateo 4:21, 22; Juan 20:31; Apocalipsis 1:1-4, 9-19.* Cuando Juan hablaba de sí mismo en su libro, hizo referencia "al que Jesús amaba" o simplemente "el otro discípulo". Tenía mucha confianza en Jesús, y sentía gran amor hacia él. No es sorprendente, pues, su fidelidad a Jesús (lea Juan 18:15, 16; 19:26, 27; 20:2-8). Lo que dijo de su libro está en Juan 21:24. A la vez, reconoció que sería imposible que se escribiera todo lo que hizo Jesús. Dice que "ni aun en el mundo cabrían los libros que se habrían de escribir" (Juan 21:25). Medite en 1 Juan 1:1-4.

Proyecto: Este es el último día para completar el proyecto escogido. Tenga listos todos los materiales, para que lo puedan terminar de una manera atractiva.

Hacia la Meta: Completarán la actividad "Los Libros Que Escribió Juan", en las páginas 3 y 4 de la Hoja de Trabajo.

CON LOS ALUMNOS

Hombres en Vez de Peces

Juan y su hermano eran pescadores. Un día remendaban sus redes cuando oyeron una voz que decía: "Juan, Jacobo, síganme."

Tan pronto como se dieron cuenta de que era la voz de Jesús, dejaron el barco y le siguieron.

Jesús les dijo: "Les voy a hacer pescadores de hombres."

Juan no entendía lo que Jesús quería decir con eso, pero le siguió. Juan llegó a ser uno de los discípulos de Jesús, y su amigo más amado.

Un día, Jesús les dijo a los discípulos que debían contar a otros lo que habían aprendido y visto de él. Debían decir que Jesús los amaba y quería que todos lo amaran a él. Entonces Juan pensó: "¡Esto es ser pescadores de hombres, como me dijo Jesús el día que me llamó!"

Muy contento, Juan hablaba a otros de Jesús. Después que Jesús murió, Juan escribió un libro acerca de la vida de Jesús, el *Evangelio de Juan* y tres cartas de consejo para la gente que ya creía en Jesús, la primera, segunda y tercera epístolas de Juan.

Muchos años después, llegaron tiempos muy difíciles para los que amaban y hablaban de Jesús. Sufrieron mucho. Algunos fueron echados en la cárcel. A otros los mataron.

A Juan, como castigo, le enviaron a una isla donde tenía que vivir solo. Entonces Jesús, desde el cielo, guió a Juan a escribir el último libro de la Biblia, el Apocalipsis, para animar y fortalecer a los cristianos.

Repaso y Aplicación: Para repasar los contenidos principales de toda la Unidad, diríjales a realizar la actividad de la página 4 de la Hoja de Trabajo.

Proyecto: Guíe a sus alumnos a terminar con sus proyectos satisfactoriamente, y a exponerlos en un lugar visible del salón.

EVALUACION DEL PROCESO DE ENSEÑANZA-APRENDIZAJE
Cómo Comprobar los Resultados

Los alumnos completarán la actividad Los Libros Que Escribió Juan, en las páginas 3 y 4 de la Hoja de Trabajo.

SERIE: La Biblia: el Libro de Dios
UNIDAD 3: Por la Biblia Dios Me Habla

10

OYERON LA PALABRA Y OBEDECIERON

BASE BIBLICA: Deuteronomio 5
TEMA: Por la Biblia Dios me habla cuando la escucho
PARA MEMORIZAR: Salmo 85:8a

▶ PLAN DE ENSEÑANZA

Qué Preparar Antes de la Clase

Meta de Enseñanza-Aprendizaje: El alumno demostrará su comprensión de que Dios le habla a través de la Biblia, por medio de completar un ejercicio del Salmo 85:8a.

Maestro: Hoy se inicia la Unidad "Por la Biblia Dios Me Habla". En las dos Unidades anteriores, los alumnos captaron lo que era la Biblia, y cómo fue escrita. Con esta Unidad, los alumnos deben aprender lo que la Biblia puede hacer para ellos. Antes de transmitir esta enseñanza a sus alumnos, examine su propia actitud hacia la Biblia: ¿Cómo le ha hablado desde que es cristiano? ¿Cuánta importancia le da a la Biblia en su vida diaria? Piense en algún momento en su vida cuando la Biblia le fue de especial bendición.

Actividad Introductoria: *Memorización:*

▶ ACTIVIDADES DE APRENDIZAJE

Qué Hacer Durante la Clase

Al llegar sus alumnos, salúdelos. Hágales notar que ahora comienzan una nueva Unidad: Por la Biblia Dios Me Habla.

Actividad Introductoria: *Memorización: Salmo 85:5a.* Reparta entre los niños las partes del rompecabezas, permítales armarlo, luego que busquen el versículo en sus Biblias, lo subrayen y memoricen. Conversen sobre la importancia de escuchar cuando Dios nos habla por medio de la Biblia.

Música: "Santa Biblia para Mí", "La Biblia Es el Libro".

Conversación: Explique brevemente a los alumnos el concepto de que Dios nos habla a través de la Biblia. Pregunte a ellos cómo creen que Dios les puede hablar, y en qué momentos necesitan escuchar la Palabra de Dios. Finalmente, cuénteles una experiencia en la que usted recibió bendición por escuchar la Palabra de Dios.

Estudio de la Biblia: *Deuteronomio 5.* Utilice las figuras de televisión que preparó para relatar la historia como sigue:

Un Pueblo Que Obedeció los Mandamientos

Para ayudar al pueblo de Israel a vivir feliz, Dios habló a Moisés y le dijo que debía ir al monte Sinaí. Allí Dios le daría

DEL MAESTRO

Prepare en cartulina la silueta de una oreja. Escriba sobre la silueta el versículo para memorizar y córtelo en cuatro partes (rompecabezas).

Música: "Santa Biblia para Mí", "La Biblia Es el Libro".

Conversación: Prepárese para contar a sus alumnos alguna experiencia sencilla que usted ha vivido en la cual ha sentido que Dios le ha hablado por medio de la Biblia.

Estudio de la Biblia: *Deuteronomio 5*. El pueblo de Israel necesitaba mandamientos que le ayudaran a organizarse y marchar a tomar posesión de las tierras que Dios les dio. Necesitaban oír las palabras de Dios y obedecer sus mandamientos. Así Dios le dio los mandamientos a Moisés y él los transmitió al pueblo, éste decidió obedecerlos y mientras ellos los obedecieran, todo marcharía bien; lo mismo ocurre hoy en nuestras vidas, debemos aprender a escuchar la palabra de Dios y ponerla en práctica, así nos irá bien en todo lo que emprendamos.

Prepare las escenas de los cuadros que aparecen en las páginas centrales de la Hoja de Trabajo y utilícelas para relatar la historia de hoy en forma de televisión.

Repaso y Aplicación: Escriba en un cartel, en forma de las tablas de piedra, los Diez Mandamientos.

Proyecto: Consulte la página 72 de este libro, para informarse sobre los materiales y procedimiento del proyecto "Llavero de Enseñanzas Bíblicas".

Hacia la Meta: Completarán la actividad de la página 4 de la Hoja de Trabajo.

CON LOS ALUMNOS

los mandamientos para que el pueblo obedeciera y fuera feliz. **Moisés llevó al pueblo al pie del monte. Dios descendió. Hubo truenos, relámpagos y una espesa nube sobre el monte. Hubo también un fuerte sonido de trompetas y el monte humeaba como un horno. Mientras el pueblo esperaba temblando, Moisés subió al monte; con voz de trueno Dios empezó a hablar a Moisés. Allí le dio los Diez Mandamientos que el pueblo debía obedecer. Más tarde, Dios dio a Moisés los mandamientos escritos en tablas de piedra para que el pueblo los obedeciera y nosotros también.**

Entonces Moisés dijo al pueblo: **—Debemos poner en práctica los mandamientos que Dios nos ha ordenado para que nos vaya bien.**

—Haremos todas las cosas que Dios ha dicho, y obedeceremos —respondió el pueblo.

Repaso y Aplicación: Muestre a sus alumnos los mandamientos y léanlos juntos. Dígales que estos mandamientos son los mismos que ahora están en nuestra Biblia, en el libro de Exodo. Pregunte a sus alumnos cuáles otros mandamientos nos da Dios en la Biblia. Explique que es importante escuchar a nuestros maestros y pastores cuando hablan, por que ellos nos explican cómo podemos obedecer todas las enseñanzas y mandamientos que están en la Biblia. Haga hincapié en que Dios nos habla por medio de la Biblia y nos dice:

1) Que nos ama
2) Que debemos adorarle
3) Que debemos obedecer a nuestros padres
4) Que debemos amarnos unos a otros y muchas cosas más que al escuchar la Biblia podemos saber.

Proyecto: Mencione a sus alumnos que hoy inician un nuevo proyecto para la Unidad. Entregue los materiales y explique los detalles, para que realicen el proyecto.

Oración: De gratitud por la Biblia, por lo mucho que nos enseña.

EVALUACION DEL PROCESO DE ENSEÑANZA-APRENDIZAJE

Cómo Comprobar los Resultados

Use el ejercicio "LA BIBLIA LO DICE" de la Hoja de Trabajo.

SERIE: La Biblia: El Libro de Dios
UNIDAD 3: Por la Biblia Dios Me Habla

11

LEYENDO SE ENTIENDE MEJOR

BASE BIBLICA: Hechos 17:10-14
TEMA: Por la Biblia Dios me habla cuando la leo
PARA MEMORIZAR: Deuteronomio 17:19a

➤ PLAN DE ENSEÑANZA

Qué Preparar Antes de la Clase

Meta de Enseñanza-Aprendizaje: El alumno demostrará comprender que Dios le habla a través de la Biblia, por medio de leer y seleccionar uno de los pasajes dados y dramatizar su enseñanza.

Maestro: Frecuentemente, como cristiano, nuestra mayor falta es no leer la Biblia suficientemente: la usamos para preparar la clase de la escuela dominical, posiblemente leemos diariamente los diez o doce versículos sugeridos en las revistas y la consultamos cuando tenemos problemas; pero son pocas las personas que la leen diariamente con ánimo y entusiasmo, por más de quince minutos, absorbiendo su riqueza y sus respuestas para nuestra vida diaria. Cuando leemos la Biblia con esta actitud de sinceridad

➤ ACTIVIDADES DE APRENDIZAJE

Qué Hacer Durante la Clase

Al llegar sus alumnos, salúdelos. Invítelos a leer los versículos bíblicos que ha colocado en la pared.

Memorización: *Deuteronomio 17:19.* Muéstreles el cartel que preparó con el versículo de hoy. Léanlo una vez y luego invítelos a que lo busquen en sus Biblias, lo subrayen y memoricen. Por último, que realicen la actividad de la página 4 de la Hoja de Trabajo.

Música: Use los cantos relativos al tema, que eligió con anticipación.

Conversación: Hable a sus alumnos acerca de maneras en que ellos pueden también gozar de la Biblia diariamente: animando a su familia a tener el culto familiar, pidiéndoles que les consigan un Libro de Historias Bíblicas con letra grande y texto sencillo. Aun pueden tener la práctica de conservar sus Hojas, y leerlas. Dígales que leer la Biblia es una buena costumbre, la cual desde ahora les ayudará.

DIJO DIOS: "Y LEERÁ EN ÉL TODOS LOS DÍAS DE SU VIDA PARA QUE APRENDA A TEMER A JEHOVÁ SU DIOS." DEUT. 17:19

DEL MAESTRO

y no por pura rutina. Dios sí nos habla. Encontramos en ella el mejor consejero, el mejor consolador y el mejor maestro en sus palabras impresas. Aceptemos el desafío de leer la Biblia con consistencia; las bendiciones serán para nosotros.

Memorización: Deuteronomio 17:19a. Prepare el versículo en una cartulina grande, que tenga la forma de una Biblia abierta. Observe la ilustración en la página 94.

Música: Seleccione algunos cantos relacionados con el tema y que sean conocidos por los niños. Si no tiene otros cantos, use los que aparecen en las páginas 134 y 135.

Conversación: Hable a sus alumnos acerca de maneras cómo ellos pueden leer o cuando menos escuchar, de la Biblia diariamente.

Estudio de la Biblia: *Hechos 17:10-14*. Este pasaje nos enseña la importancia de la lectura y la meditación de la Palabra de Dios en las vidas de las personas. ¿La lee usted y medita diariamente en ella? ¿Encuentra en ella el mensaje de Dios para su vida? Sólo si la Biblia es leída por usted y siente que le habla podrá comunicar ese mensaje a sus alumnos. Ore a Dios y pídale la dirección para esta lección.

Repaso y Aplicación: Piense en la mejor forma de motivar una pequeña discusión acerca de la importancia de leer la Biblia todos los días.

Hacia la Meta: Los alumnos leerán los siguientes pasajes, y escogerán uno para dramatizar la aplicación para sus vidas: Efesios 5:19, 20; Santiago 1:22; Juan 13:34.

CON LOS ALUMNOS

Estudio de la Biblia: *Hechos 17:10-14*. Mencione a sus alumnos que después de que Jesús murió, los discípulos tenían que ir a muchas partes del mundo para hablar de Jesús. El relato de hoy es acerca de un grupo de personas que los discípulos visitaron para enseñarles de Jesús.

Leyeron y Aceptaron

Pablo y Silas iban a muchas partes predicando la palabra de Dios. En muchas partes aceptaban lo que predicaban, en otras partes no. Una noche, llegaron a la ciudad de Berea. Tan pronto como llegaron, entraron en la sinagoga, que era como el templo de los judíos. En ese lugar, les predicaron acerca de Jesús y el plan de Dios, que es que las personas acepten a Jesús como el Hijo de Dios y Salvador.

Los judíos escucharon con mucha atención. Les parecía muy interesante lo que decían Pablo y Silas. Pero no querían tomar una decisión rápida. "Déjenos estudiar la Palabra de Dios", dijeron. "Queremos ver si lo que allí dice es lo mismo que ustedes dicen." Seguramente leyeron las profecías de profetas importantes como Isaías. Allí pudieron leer las promesas de la venida de un Salvador. Después de estudiar por algunos días, estaban convencidos: ¡Jesús era el Salvador prometido!

Muchos aceptaron a Jesús como su Salvador, incluyendo hombres y mujeres importantes. Porque habían escuchado la palabra por boca de Pablo y Silas, y porque habían estudiado con cuidado las Escrituras, estaban doblemente seguros de la decisión que habían tomado.

Repaso y Aplicación: Dirija una pequeña discusión acerca de la importancia de leer la Biblia todos los días.

Oración: De gratitud porque tenemos la Biblia impresa, y porque la podemos leer todos los días y aprender de ella.

➤EVALUACION DEL PROCESO DE ENSEÑANZA-APRENDIZAJE◄

Cómo Comprobar los Resultados

Los alumnos deberán leer los tres pasajes dados en la sección Hacia la Meta, y decidir cuál versículo desean dramatizar. Al dramatizarlo, darán su interpretación del versículo. Pueden hacerlo individualmente o por grupos pequeños.

SERIE: La Biblia: El Libro de Dios
UNIDAD 3: Por la Biblia Dios Me Habla

12
¿QUÉ DEBO HACER?

BASE BIBLICA: Lucas 4:1-13
TEMA: Por la Biblia Dios me habla cuando la recuerdo
PARA MEMORIZAR: Ezequiel 3:10

▶ PLAN DE ENSEÑANZA

Qué Preparar Antes de la Clase

Meta de Enseñanza-Aprendizaje: El alumno demostrará comprender que Dios le habla cuando recuerda lo que la Biblia dice, por medio de relacionar cuatro escenas con frases bíblicas diferentes en cada situación ilustrada.

Maestro: Una de las principales razones por las cuales es importante memorizar y recordar pasajes bíblicos, es porque al recordarlos, nos orientan, animan y fortifican en momentos difíciles o de tentación. Muchos cristianos que han sido prisioneros de guerra, han mencionado cómo al recordar y escribir pasajes aprendidos de la Biblia les ayudaba a salir adelante. ¿Y cuántos en momentos de soledad o severa angustia, no hemos recitado

▶ ACTIVIDADES DE APRENDIZAJE

Qué Hacer Durante la Clase

Al llegar sus alumnos, salúdelos. Hágales sentir que su presencia es importante.

Actividad Introductoria: Dé oportunidad para que los niños recorten los marcadores y los pinten de bonitos colores, de esta manera estarán listos para usarlos en el período de memorización.

Música: Canten "La Biblia Es el Libro" y "La Biblia".

Conversación: Pida a los alumnos que reciten versículos que sepan de memoria. Pregúnteles en qué momentos debemos recordar esos versículos.

Estudio de la Biblia: *Lucas 4:1-13.* Antes de iniciar el estudio, pregunte a los alumnos si saben el significado de la palabra "tentación". Explíqueles que es el "deseo de hacer algo malo, que no es correcto y que no agrada a Dios". Pídales que le den algunos ejemplos de tentaciones que ellos hayan sentido (como no obedecer a mamá, pellizcar a alguien, etc.). Dígales que en el estudio de hoy vamos a ver cómo tentaron a Jesús, y cómo él pudo responder a cada tentación. Siga con el relato:

Así Contestó Jesús

Antes de comenzar a predicar, Jesús pasó cuarenta días en el desierto. No comió en todo ese tiempo. ¿Te imaginas el hambre que debía tener?

Entonces, Satanás se le acercó y le dijo: "Si eres el Hijo de Dios, convierte

DIJO DIOS:" TOMA EN TU CORAZÓN TODAS MIS PALABRAS, QUE YO TE HABLARE." EZEQUIEL 3:10

DEL MAESTRO ◄

el Salmo 23? Al testificar espontáneamente, sin Biblia a la mano, hemos sentido la dirección del Espíritu Santo que nos da los pasajes indicados para la persona a quien hablamos.

Actividad Introductoria: Dibuje en cartulina, según el número de sus alumnos, la silueta de marcadores como los que se ilustran al pie de la página 96.

Música: "La Biblia", "La Biblia Es el Libro".

Conversación: Los niños recitarán versículos bíblicos que recuerden, y dirán cómo estos versículos pueden ayudarnos cuando los recordamos.

Estudio de la Biblia: *Lucas 4:1-13*. Medite en la base bíblica de la historia. Este pasaje revela, entre otras cosas, la importancia no sólo de leer la Biblia y memorizar algunas partes de ella, sino ponerla en práctica cuando es necesario. Jesús mismo es ejemplo en esto. Respondió a Satanás precisamente con versículos de las Escrituras que sin duda había aprendido desde pequeño.

La edad en que están sus alumnos es ideal para memorizar versículos que les ayuden en su vida diaria.

Memorización: Use los marcadores que harán en la actividad introductoria.

Proyecto: Hoy deberán terminar su proyecto. No permita que se los lleven a sus casas hoy, sino hasta la próxima semana.

Hacia la Meta: Completarán la actividad de Evaluación de la página 4 de la Hoja de Trabajo.

CON LOS ALUMNOS ◄

estas piedras en pan." ¿Sabes lo que le respondió Jesús? "Escrito está: no sólo de pan vivirá el hombre, sino de toda palabra que sale de la boca de Dios." Jesús utilizó la palabra de Dios para vencer la tentación que tenía.

Nuevamente Jesús fue tentado; Satanás le dijo: "Si te arrodillas y me adoras, serás el rey de toda la tierra." ¿Qué crees que hizo Jesús? Sí, él nuevamente recordó un versículo de la Palabra de Dios y le contestó "... escrito está: al Señor tu Dios adorarás, y a él solo servirás."

Por tercera vez, regresó Satanás y volvió a presentarle otra tentación a Jesús. Esta vez le dijo: "Si eres el Hijo de Dios, tírate desde esta torre abajo, porque la Palabra de Dios dice que Dios enviará a sus ángeles para que te guarden." Jesús hubiera podido hacer eso para demostrar su poder, pero no era correcto. Así que él recordó nuevamente otro versículo de la Biblia, y le contestó a Satanás: "Dicho está: no tentarás al Señor tu Dios." Esta vez, Satanás no pudo más, se dio por vencido, y se alejó de Jesús.

¿Te das cuenta de que Cristo venció las tentaciones recordando pasajes bíblicos? Por eso es muy importante que nosotros siempre recordemos pasajes bíblicos que nos ayuden a vencer la tentación.

Memorización: *Ezequiel 3:10.* Que busquen en la Biblia, subrayen y lean el versículo. Explíqueles que este versículo nos enseña lo que debemos hacer con la Palabra de Dios: oírla y guardarla en el corazón. Dé tiempo para que escriban en sus marcadores el versículo que acaban de aprender (vea ilustración en la página 96).

► EVALUACION DEL PROCESO DE ENSEÑANZA-APRENDIZAJE ◄

Cómo Comprobar los Resultados

Muestre a los alumnos la actividad que se encuentra en la página 4 de la Hoja de Trabajo. Discútanlo y luego guíeles para que lo contesten individualmente o en grupo.

ESTUDIO DE REFORZAMIENTO

13

LA BIBLIA: EL LIBRO DE DIOS

TEMA: La Biblia el Libro de Dios
PARA MEMORIZAR: Todos los versículos de la serie

▶ PLAN DE ENSEÑANZA

Qué Preparar Antes de la Clase

Meta de Enseñanza-Aprendizaje: Que el alumno comprenda que la Biblia es el libro por el cual Dios le habla, por medio de participar en el programa de reforzamiento haciendo los ejercicios de la Hoja de Trabajo.

Maestro: Con este estudio terminamos la serie: LA BIBLIA: EL LIBRO DE DIOS, cuyo objetivo general fue: "Que el alumno comprenda que la Biblia es el libro de Dios, escrita por hombres escogidos y que nos habla por medio de ella." Todas las metas y actividades estuvieron dirigidas en forma gradual para que el alumno alcanzara el objetivo. Ahora es el momento de evaluar el grado alcanzado durante la serie.

Arreglo del salón: Arregle el salón de una manera diferente y atractiva. En un lado del salón estarán las carteleras con los nombres de los libros de la Biblia. En otro lado, adorne con los carteles que han preparado en los proyectos y demás actividades.

Invitados Especiales: Si es posible, invite al pastor, para que esté presente aunque sea por algunos momentos.

Actividad Introductoria: Como actividad de repaso introductoria, los alumnos comple-

▶ ACTIVIDADES DE APRENDIZAJE

Qué Hacer Durante la Clase

Al llegar sus alumnos, reciba a cada uno amigablemente. Converse con ellos sobre sus inquietudes y las cosas que han aprendido durante este trimestre.

Actividad Introductoria: Entregue las Hojas de Trabajo y explíqueles cómo deberán contestar los ejercicios. Pueden trabajar individualmente o por grupos pequeños. Esté al tanto para darles la asesoría que necesiten.

Memorización: Reparta los rompecabezas por grupos pequeños. Deberán armarlos y repetirlos de memoria. Conforme cada grupo va terminando con su rompecabezas, deben pasarlo a otro grupo, hasta que cada

DEL MAESTRO

tarán las actividades de las páginas 2, 3 y 4 de la Hoja de Trabajo.

Memorización: Seleccione unos siete de los pasajes memorizados durante la serie. Escríbalos en letra de molde en cartelitos, y recórtelos en forma de rompecabezas.

Música: Tenga preparados los carteles con los cantos "La Biblia Es el Libro" y "La Biblia" que aparecen en la última página de esta revista.

Conversación: Será una oportunidad en que los alumnos podrán compartir lo que han aprendido durante la serie.

Estudio de la Biblia: Prepare algunas preguntas sencillas (alrededor de doce) acerca de lo estudiado. Colóquelas en una canastilla o bolsa de papel. Algunas preguntas podrían ser:
1. ¿Quién fue la primera persona que escribió en la Biblia?
2. ¿Quién le dio a Moisés la orden de escribir en la Biblia?
3. ¿Qué se encontró dentro del templo, en el tiempo del rey Josías?
4. ¿Qué hizo el rey Joacim cuando escuchó las palabras que Jeremías había escrito?
5. Después de que el rey Joacim destruyó los rollos, ¿qué hicieron Jeremías y Baruc?
6. ¿Por qué es la palabra de Dios como una semilla?
7. ¿Cómo se llama el rey sabio que escribió en la Biblia?
8. ¿Cómo se llamaba el pastor de ovejas que escribió el libro de Amós?
9. ¿Cómo se llaman los dos libros que escribió el médico Lucas?
10. ¿Quién escribió muchas cartas a las iglesias?
11. ¿Cuáles libros escribió el discípulo amado, Juan?

Haga preguntas similares para la Unidad 3.

Repaso y Aplicación: Con los niños, recuerden algunos de los libros principales: Los cinco libros de la Ley, los de poesía, los cuatro Evangelios y el libro de Hechos.

Proyectos: Si son carteles, colóquelos alrededor de las paredes. Si son otros,téngalos expuestos en las mesas.

Hacia la Meta: Sabrá cuánto ha logrado durante la serie en base a las respuestas escritas y orales que den sus alumnos durante todas las actividades evaluativas.

CON LOS ALUMNOS

grupo haya armado cuando menos cuatro.

Música: Entonen los dos cantos que han tenido a través de la serie: "La Biblia Es el Libro" y "La Biblia".

Conversación: Pregunte a sus alumnos qué es lo que han aprendido durante la serie: Acerca de cuáles libros y escritores han aprendido, cuál relato bíblico les ha impactado más, etc.

Estudio de la Biblia: Sentados en círculo, pase la canastilla a un niño para que saque una pregunta. Si la contesta, felicítelo. Si no, la pregunta vuelve a la canastilla. El siguiente niño saca otra pregunta y procura contestarla. Haga así hasta que todas las preguntas hayan sido contestadas. Para ayudar a los niños a contestar, tenga a la mano las láminas bíblicas presentadas en cada historia. Al ubicar al niño la historia, posiblemente le sea más fácil recordar.

Repaso y Aplicación: Recuerden juntos los primeros cinco libros de la Biblia, y quién es el autor. Recuerden, a su vez, la diferencia entre el Antiguo y el Nuevo Testamentos. Finalmente, hablen de los cuatro Evangelios y Hechos, sus escritores y su mensaje. Termine preguntando de qué maneras Dios nos habla a través de la Biblia.

Oración: De gratitud por la Biblia: su mensaje, sus escritores, porque nos habla aún hoy, y por los maestros y pastores que ahora nos enseñan de la Biblia.

➤ EVALUACION DEL PROCESO DE ENSEÑANZA-APRENDIZAJE ⬅

Cómo Comprobar los Resultados

La Evaluación se ha estado haciendo durante toda la clase. Use los ejercicios de la Hoja de Trabajo y lo indicado en el estudio de la Biblia para evaluar el aprendizaje de la serie.

PLAN DE SALVACION
CAMINANDO AL CIELO

1. UN SOLO CAMINO *Juan 14:6*
¡EL CIELO ES UN LUGAR MARAVILLOSO!, porque allí vive Dios. La Biblia dice que JESUS ES EL UNICO CAMINO PARA IR AL CIELO. ¿Te gustaría llegar allí?

2. DIOS QUIERE QUE YO VAYA AL CIELO *Juan 14:2*
Dios quiere que tú vayas al cielo y está preparando un lugar para ti. Jesús dijo: "En la casa de mi padre muchas moradas hay. De otra manera os lo hubiera dicho. Voy, pues, a preparar lugar para vosotros." ¿Te gustaría saber cómo llegar allí?

3. ME GUSTARIA IR, PERO . . . *Romanos 3:23*
Hay algo que impide que vayas al cielo, y ese algo se llama pecado. ¿Qué es pecado? Pecado es no hacer las cosas buenas que Dios quiere que hagamos. Si alguna vez has mentido, desobedecido, robado, eso se llama pecado.

4. ENTONCES, ¿QUE DEBO HACER PARA IR AL CIELO? *Juan 3:16*
Para ir al cielo necesitas creer en lo que Dios hizo por amor a ti. La Biblia dice: "Porque de tal manera amó Dios al mundo, que ha dado a su Hijo unigénito, para que *todo aquel que en él cree, no se pierda, mas tenga vida eterna.*" ¿Crees en lo que Dios hizo por amor?

5. LA ENTRADA AL CIELO ES GRATUITA *Efesios 2:8*
¿Gratuita? Sí, la entrada al cielo es gratuita. La Biblia dice: "Porque por gracia sois salvos por medio de la fe; y esto no de vosotros, pues es don de Dios" (Efesios 2:8). Es un regalo que Dios te hace porque te ama. Ese regalo tiene un nombre, se llama SALVACION. ¿Quieres aceptar el regalo de Dios?

6. ¡SI, YO QUIERO IR! *Juan 1:12*
Si tú quieres ir, hay cuatro cosas importantes que debes hacer:
1. Arrepentirte de las cosas malas que has hecho
2. Pedir perdón a Dios por esas cosas malas
3. Creer lo que la Biblia enseña acerca de Jesucristo
4. Aceptar con fe el amor y perdón de Dios

Haz una oración a Dios y dile que quieres aceptar el regalo que él te ofrece. Busca a tu maestro o pastor si necesitas ayuda.

MODULO: DIOS

SERIE: DIOS ESTA CONMIGO

Objetivo General de la Serie: Esta serie está diseñada para que el alumno comprenda que Dios está con él: le ayuda, le provee, le perdona y envió a Jesús para mostrarle su amor.

Escriba aquí
la fecha en que
se usará cada
estudio.

UNIDAD 1: DIOS ME AYUDA
Objetivo de la Unidad: Esta unidad está diseñada para que el alumno comprenda que Dios le puede ayudar en todo momento.

_____
_____
_____

1. Dios Me Ayuda porque Está Conmigo
2. Dios Me Ayuda porque Todo Lo Puede
3. Dios Me Ayuda porque Me Conoce

UNIDAD 2: LO QUE DIOS ME DA
Objetivo de la Unidad: Esta unidad está diseñada para que el alumno comprenda que Dios provee para sus necesidades.

_____
_____
_____

4. Dios Me Da una Familia
5. Dios Me Da Dónde Vivir
6. Dios Me Provee Alimento

UNIDAD 3: DIOS ME PERDONA
Objetivo de la Unidad: Esta unidad está diseñada para que el alumno comprenda que Dios lo perdona y le ayuda a hacer lo bueno.

_____
_____
_____

7. Dios Me Perdona a Través de Jesús
8. Dios Perdona Mis Mentiras
9. Dios Me Perdona y Me Ama

UNIDAD 4: DIOS ENVIO A JESUS
Objetivo de la Unidad: Esta unidad está diseñada para que el alumno comprenda que Dios envió a Jesús al mundo, para mostrarle su amor.

_____
_____
_____

10. Dios Anunció a María el Nacimiento de Jesús
11. Dios Anunció la Venida de Jesús por Medio de Angeles
12. Dios anunció la Venida de Jesús con una Estrella

ESTUDIO DE REFORZAMIENTO

_____

13. Dios Está Conmigo

Cartel Visualizado "Dios Está Conmigo".

En esta nueva serie consideraremos algunas de las cosas que el niño puede experimentar en su relación con Dios: le habla, le provee, le ayuda y le perdona. Todo es consecuencia del amor de Dios.

El niño, además de escuchar, necesita ver algo que ilustre lo que está escuchando. Por eso, es muy importante reforzar la enseñanza con las ayudas visuales, como el proyecto de la serie que se sugiere a continuación.

Escribir en una tira de cartulina **DIOS ESTA CONMIGO**. Preparar un cartelón para cada unidad en el que se escribirá el título de la unidad. Colocar el cartelón en la pared el día en que comienzan los estudios de esa unidad y dejarlo hasta el final de la serie.

Cada domingo se escribirá en el cartelón de la unidad, antes de iniciar la serie, el tema del estudio para ese domingo. Utilice los cuadros de la Hoja de Trabajo de los Alumnos para los cartelones.

Ideas para Preparar Títeres y Figuras de Personajes

PROYECTOS PARA LAS UNIDADES

Proyecto para la Unidad 1: "Dios Me Ayuda"

Cuadros — Tridimensionales
Para cada estudio, prepararán un cuadro tridimensional que ilustre la historia bíblica.

Materiales:
hojas blancas gruesas tamaño carta
cartón de colores
lápices o plumas (de fieltro) de colores
pedazos pequeños de esponja, hule espuma o madera,
tijeras, pegamento
Se prepararán los cuadros de la siguiente manera:

Trasfondo dibujado y pintado

Figuras u otros objetos que sobresalen, se dibujarán en un cartón aparte.

Por atrás se le pega un pedacito de hule y se pega al cuadro, para que resalte.

Proyecto para la Unidad 2: Lo Que Dios Me Da

Cada niño hará una exposición de lo que Dios le provee, modelando las figuras con masa, para lo cual puede usar la siguiente receta:

Receta:
2 tazas de harina
1 taza de sal fina
1 cucharada de aceite
agua suficiente para formar la masa
colorante vegetal: Prepare colores variados

Cada domingo, modelarán lo que Dios les provee, según el estudio de este día.
El último día, cada niño puede preparar una exposición personal así:

Proyecto para la Unidad 3: Dios Me Perdona

Dibujos de "Antes y Después"
Materiales
hojas tamaño carta
lápices y plumas (de fieltro) de colores

Prepararán dibujos señalando actitudes negativas anteriores, y a su lado, dibujos que ilustren el comportamiento esperado después de que Dios les perdona. Al pie de la hoja escribirán el versículo para memorizar.

Proyecto de la Unidad 4: DIOS Envió a Jesús Cuadro de la Escena de la Natividad (Nacimiento de Jesús).

Prepararán este "cuadro-collage" sobre manta (arpillera) o cualquier otra clase de tela rústica. En cada estudio se dan los detalles de cómo irlo preparando.

Prepare sus materiales con tiempo:
Manta: (arpillera) un retazo de 30 x 25 cms. para cada alumno
Lana Roja: (estambre) 2 metros para cada alumno
Espiguilla dorada: (optativo) si desea, puede usarlo en lugar de la lana roja, usando las mismas medidas.
Lana Amarilla: (estambre) 2 metros para cada alumno
Retazos de tela café: suficiente para que cada niño elabore su pesebre y cuando menos un burro (ver el patrón de la página 103).
Retazos de tela de diferentes colores: suficiente para las vestimentas de José y María
Cartón amarillo: suficiente para preparar el bebé, y dos ovejitas para cada niño
Algodón: para cubrir las ovejas
Tela Rosa: para las caras de José y María
Pegamento: las telas pueden ser de: fieltro, franela, popelina, tafeta o cualquier otra clase de tela gruesa. Si prefiere, puede usar en su lugar cartón de colores, papel glacé o papel aterciopelado.

¡Prepare un Modelo!

SERIE: Dios Está Conmigo
UNIDAD 1: Dios Me Ayuda

1

DIOS ESTA CONMIGO

BASE BIBLICA: Génesis 28:10-22
TEMA: Dios Me Ayuda porque Está Conmigo
PARA MEMORIZAR: Génesis 28:15b

▶ PLAN DE ENSEÑANZA

Qué Preparar Antes de la Clase
Meta de Enseñanza-Aprendizaje: El alumno demostrará su comprensión de que Dios le ayuda y está con él en todo momento, por medio de hacer un cuadro que ilustre el estudio de hoy.

Maestro: Con este estudio iniciamos una nueva serie: Dios Está Conmigo. El objetivo es que el alumno comprenda que Dios está con él. No es difícil que el niño sienta la presencia real de Dios en su vida. Lo importante es que él, al sentir esa cercanía, tenga confianza en que Dios puede actuar en su vida, ayudándole, cuidándole y salvándole. Antes de que usted comience este importante estudio, evalúe su relación con Dios. No olvide que la experiencia debe comenzar con nosotros mismos. Buscamos enseñar al niño que Dios le ayuda porque está en todas partes, todo lo sabe y tiene poder para hacerlo todo.

▶ ACTIVIDADES DE APRENDIZAJE

Qué Hacer Durante la Clase
Actividad Introductoria: Entregue los materiales para que los niños se dibujen y escriban su nombre en pequeñas tiras de papel. Hágales la pregunta: ¿Con quién está Dios? Los alumnos se dibujarán a sí mismos y responderán a la pregunta anterior, colocando sus propios dibujos y nombres (vea proyecto para la Unidad 1, página 104).
Música: Enseñe el canto "Puedo Confiar en Dios". Cántenlo una vez, o que escuchen el casete, mientras ellos leen las palabras. Entonces guíelos a cantarlo.
Conversación: Muestre la portada de la Hoja de Trabajo y úsela para explicar brevemente y de la manera más sencilla posible, que Dios está con cada uno de nosotros, en cualquier lugar donde estemos, porque él está en todas partes.
Estudio de la Biblia: *Génesis 28:10-22.*
Pregunte a sus alumnos si alguna vez se han sentido solos. Explique que la presentación de hoy es acerca de un joven que se sentía muy solo y triste por el daño que le había hecho a su hermano.

DIOS ESTABA CON JACOB

Coloque a Jacob en "escena" para que comience la dramatización.
Jacob —(Con voz triste.) "Me llamo Jacob. Ahora me siento tan solo y triste. Engañé a mi hermano y él ahora no me quiere. Por eso tuve que huir. Ahora estoy en un lugar lejos, y solo —muy solo (como bostezando). ¡Tengo mucho sueño! ¡Ni siquiera tengo un lugar cómodo en donde dormir! Usaré esa dura piedra como almohada (Jacob acostado).
Narrador: Así quedó dormido Jacob, sintiéndose la persona más sola del mundo. Entonces, mientras dormía, tuvo

DEL MAESTRO

Arreglo del Salón: El arreglo del salón ayudará a los alumnos a darse cuenta de que se comienza una nueva serie. Adorne un rincón con papel lustre (brillante), donde puedan colocar trabajos hechos. En letras grandes, recorte las palabras DIOS ESTA CONMIGO y colóquelas en la pared. Si está en sus posibilidades, consiga cuadros o carteles como los que venden ahora en las librerías, con versículos bíblicos o pensamientos acerca de Dios.

Actividad Introductoria: Use el mural que tiene preparado con papel lustre. Lleve hojas de papel y lápices de colores para que los niños se dibujen.

Música: "Puedo Confiar en Dios", del Cancionero para Niños. Aparece en la página 136 de este libro.

Conversación: Use como motivación la portada de la Hoja de Trabajo.

Estudio de la Biblia: Génesis 28:10-22. Para su estudio personal y para recordar el contexto del pasaje, lea desde el capítulo 27.

Piense en el estado de ánimo de Jacob, quien estaba sufriendo las consecuencias de un engaño que él había hecho. Esto lo había llevado a sentirse temeroso, angustiado y con remordimiento. Dios usa un sueño para darle confianza y decirle que siempre estará con él. Jacob ya no se sintió solo, sino que confió en la presencia de Dios.

Lea la historia como aparece en la parte de "ACTIVIDADES". Prepare a dos niños que le ayudarán en la dramatización. También puede usar títeres.

Haga un dibujo u otra ilustración de la "escalera" de Jacob.

Memorización: Génesis 28:15b. Use la actividad "La Biblia Dice", de la Hoja de Trabajo.

Hacia la Meta: El indicador de la meta es a la vez parte del Proyecto de la Unidad. Consulte la página 104 para más detalles sobre el proyecto de la unidad 1. Hoy corresponde hacer el cuadro "Tridimensional".

CON LOS ALUMNOS

un hermoso sueño: Soñó que había una gran escalera que comenzaba en la tierra y terminaba en el cielo (coloque el cuadro de la escalera). Angeles subían y bajaban por esa escalera. Dios estaba en lo alto de la escalera y le dijo a Jacob:
(cambio de voz) "Yo soy Jehová. . . He aquí, yo estoy contigo, y te guardaré por dondequiera que fueres. . . "
Narrador: ¡Jacob despertó maravillado!
Jacob: "Ciertamente Jehová está en este lugar, y yo no lo sabía."
Narrador: Así, Jacob se dio cuenta de que Dios siempre estaba con él, e hizo una promesa: "Si fuere Dios conmigo, y me guardare en este viaje en que voy,

y me diere para para comer, y vestido para vestir,. . . Jehová será mi Dios.
Jacob ya no se sentía solo, sabía que Dios estaba con él, y que, porque estaba con él, le ayudaría siempre.

Memorización: Guíelos a realizar la actividad "La Biblia Dice", en la página 4 en la Hoja de Trabajo.

Repaso y Aplicación: Por medio de preguntas, guíe a los alumnos a repasar los conceptos principales del relato bíblico: que Dios siempre está con nosotros, y que porque está con nosotros nos puede ayudar en cualquier situación en que nos encontremos.

Oración: Diríjalos en una oración de gratitud a Dios por su compañía en todo momento.

➤ EVALUACION DEL PROCESO DE ENSEÑANZA-APRENDIZAJE ◀

Cómo Comprobar los Resultados

Los alumnos demostrarán que han comprendido que Dios les ayuda porque está con ellos. Prepararán un cuadro según las indicaciones para el Proyecto de la Unidad 1 (página 104), en el que se ilustra el estudio de hoy.

SERIE: Dios Está Conmigo
UNIDAD 1: Dios Me Ayuda

2

¡DIOS PUEDE!

BASE BIBLICA: 1 Reyes 18:19-39
TEMA: Dios Me Ayuda Porque Todo Lo Puede
PARA MEMORIZAR: Salmo 147:5a

▶ PLAN DE ENSEÑANZA

Qué Preparar Antes de la Clase

Meta de Enseñanza-Aprendizaje: El alumno demostrará su comprensión de que Dios le ayuda porque es poderoso, por medio de relacionar tres ilustraciones de situaciones difíciles con la solución que Dios puede dar.

Maestro: ¡Dios tiene poder! Esta omnipotencia es un hecho en que todo cristiano confía, y esta confianza es la que usted debe transmitir a los alumnos. Ayúdelos a sentir que Dios tiene poder no sólo para las cosas grandes (hacer el mundo, la luz, la lluvia, etc.), sino que también para ayudarnos en las cosas pequeñas. Tiene poder para sanarnos, alimentarnos, suplir nuestras necesidades, etc.

Dos realidades que hay que destacar con los niños:
1) Aunque Dios tiene poder, no quiere decir que va a darnos *todo* lo que le pidamos (ej.: una bicicleta nueva, muchos dulces, etc.). El sabe lo que nos conviene.
2) A veces, los niños preguntan acerca de los "superhéroes" de la televisión y los cuentos. Es muy importante destacar que eso

▶ ACTIVIDADES DE APRENDIZAJE

Qué Hacer Durante la Clase

Al llegar sus alumnos salúdeles. Ayúdeles a recordar la nueva serie de estudios.

Actividad Introductoria: Cartel: *DIOS TODO LO PUEDE*. Entregue a los niños las revistas, para que busquen láminas que ilustren cosas que Dios ha hecho o tiene poder para hacer. Deberán recortarlas y pegarlas en la cartulina.

Memorización: *Salmo 147:5a*. Guíe a sus alumnos a buscar, leer y subrayar el texto. Por medio del cartel doblado, ayúdeles a aprenderlo por partes. Después, doble el cartel hacia adentro y páselo de un niño a otro. Al recibirlo, el niño dirá de memoria el texto con su cita. Si no lo puede decir, abrirá el cartel para leerlo y luego repetirlo. También mencionará una cosa en que le ayuda Dios porque todo lo puede.

Música: *"Grandes Cosas"* y *"Puedo Confiar en Dios."*

Conversación: Muestre el cartel DIOS TODO LO PUEDE. Comenten también sobre cada dibujo que aparece en la portada y pregúnteles: ¿Quién puede hacer... (cada una de las cosas)? Hágales notar que tanto las cosas grandes como las pequeñas que ahí aparecen, el único que las pudo hacer es Dios con su poder.

Estudio de la Biblia: 1 Reyes 18:19-39.

"GRANDE ES EL SEÑOR NUESTRO Y DE MUCHO PODER." SAL. 147:5a

DEL MAESTRO ←

es ficticio, que sólo Dios tiene poder para hacer tales hazañas.

Cartel Visualizado: *"Dios Está Conmigo".* Prepárelo según las indicaciones en la página 102.

Actividad Introductoria: Cartel *"Dios Todo Lo Puede".* Lleve una cartulina (o una hoja grande de papel), revistas con láminas, tijeras y pegamento. Escriba en el centro de la cartulina: *"DIOS TODO LO PUEDE".*

Música: El canto de la serie: *"Puedo Confiar en Dios"* (pág. 132 de este libro) y *"Grandes Cosas",* No. 68 de Cantos Infantiles.

Conversación: *"DIOS TODO LO PUEDE."* Se usará la portada de la Hoja de Trabajo y el cartel que elaboren en la Actividad Introductoria.

Estudio de la Biblia: *1 Reyes 18:19-39.* Prepárese bien con el estudio del pasaje y la historia en la Hoja de Trabajo. El pueblo de Israel se había alejado de Dios, al extremo de que era necesario algo drástico para que se volviera a él. ¡Qué mejor que un desafío para convencerlos! El que contestara con fuego sería el Dios verdadero. Dios contestó y la gente se quedó convencida. Dios no siempre manifiesta su poder en una manera tan dramática. Da a conocer su poder en las cosas pequeñas tanto como en las grandes. El quiere manifestar su poder aun en su vida y en la mía. Pero a veces somos como los israelitas, esperamos una cosa espectacular para convencernos de su poder.

Si está en sus posibilidades, reproduzca en hojas grandes de papel y en forma sencilla, los cuadros del relato bíblico que aparecen en las páginas centrales de la Hoja de Trabajo.

Memorización: *Salmo 147:5a.* Con letra de molde escriba en un cartel grande el texto para memorizar, dividido en dos partes (vea ilustración al pie de la página 108.

GRANDE ES EL SEÑOR NUESTRO

Y DE MUCHO PODER

Proyecto de la Unidad: Consulte la página 104 sobre este proyecto. Lo harán en base al tema *"Dios Me Ayuda porque Todo Lo Puede".*

Hacia la Meta: Completarán la actividad de la página 4 de la Hoja de Trabajo.

CON LOS ALUMNOS ←

Pregunte: ¿Alguna vez te han dicho que Dios no existe? La Biblia nos dice de lo que un profeta hizo para demostrar a muchos el poder de Dios. Dígales que después les va a preguntar en qué fue diferente. Siga con la historia usando los cuadros que preparó. Con diferente tono de voz al narrar el relato, haga notar a los niños la desesperación de los profetas de Baal en contraste con la tranquilidad y confianza del profeta Elías. Después de la historia, pregunte a los niños en qué fue diferente el clamor de Elías al de los profetas de Baal.

Memorización: Salmo 147:5a. Guíe a los alumnos a buscar, leer y subrayar el texto. Por medio del cartel doblado, ayúdeles a aprenderlo por partes. Después doble el cartel hacia adentro y páselo de un niño a otro. Al recibirlo, el niño dirá de memoria el texto con su cita. Si no lo puede decir, abrirá el cartel para leerlo y luego repetirlo.

Proyecto de la Unidad: Entregue a los alumnos los materiales necesarios y diríjalos en la realización de un cuadro tridimensional que ilustre lo estudiado hoy. (Consulte la página 104 de esta revista.)

→EVALUACION DEL PROCESO DE ENSEÑANZA-APRENDIZAJE←

Cómo Comprobar los Resultados

Guíe a sus alumnos a observar los dibujos de la página 4 de la Hoja de Trabajo. ¿Cómo puede Dios demostrar su poder en cada caso? Que lo ilustren a su manera. Cuando terminen, que también completen la actividad "La Biblia Lo Dice", que está al final de la misma página.

SERIE: Dios Está Conmigo
UNIDAD 1: Dios Me Ayuda

3

¿DIOS ME CONOCE?

BASE BIBLICA: 1 Reyes 19:1-18.
TEMA: Dios Me Ayuda porque Me Conoce
PARA MEMORIZAR: Salmo 139:1a, 3b

PLAN DE ENSEÑANZA

Qué Preparar Antes de la Clase

Meta de Enseñanza-Aprendizaje: El alumno demostrará su comprensión de que Dios le puede ayudar porque le conoce, por medio de escribir tres cosas que Dios conoce acerca de él.

Maestro: Es maravilloso pensar que Dios nos conoce. Con demasiada frecuencia inculcamos este concepto en los niños con un sentido negativo: "Dios sabe cuando haces mal, o cuando piensas lo malo." Aunque esto es cierto, lo importante es que Dios conoce cada aspecto de nuestra vida, y lo conoce mejor que nosotros mismos. El salmista expresó bien esta verdad cuando escribió el Salmo 139. Lea ese pasaje ahora y medite en sus pensamientos.

Ayude a los niños a sentir que Dios los conoce, y porque los conoce, les puede ayudar. A la vez, recuerde para su propio conocimiento, que la omnisciencia (que todo lo sabe) es otro de los atributos naturales de

ACTIVIDADES DE APRENDIZAJE

Qué Hacer Durante la Clase

Al llegar sus alumnos salúdelos. Hágales sentir su amor y el gozo que tiene porque han venido.

Actividad Introductoria: Juego: "Veinte Preguntas". Que los alumnos se sienten en semicírculo. Piense en un objeto, animal o persona (que sea fácil de adivinar). Diga a sus alumnos que ellos tienen que adivinar en lo que usted está pensando, a base de preguntas que sólo requieran un "sí" o un "no". Por ejemplo: ¿Es un animal?, ¿tiene cuatro patas?, ¿hace miau?, etc. Deberán hacer preguntas (no más de veinte) hasta que logren adivinar. Si el tiempo lo permite juegue dos o más veces. En los demás casos, pida a un niño que piense en el objeto secreto.

Memorización: Salmo 139:1a, 3b. Busquen, lean y subrayen en sus Biblias el texto. Explique el significado de la frase "mis caminos". Deje que los niños digan en sus propias palabras lo que Dios conoce acerca de ellos según estos versículos (en dónde están, lo que hacen, lo que piensan, con quién están). Realicen la actividad de memorización en la página 3 de la Hoja de Trabajo.

página 3 de la hoja de Trabajo.

Conversación: Use el juego anterior como motivación y comente con los alumnos que para nosotros es difícil adivinar lo que los demás están pensando, pero Dios sí conoce nuestros pensamientos, quiénes somos y lo que hacemos. Dé oportunidad para que participe la mayoría en la conversación.

Música: Entonen el canto de la Serie: *"Puedo Confiar en Dios"* (vea pág. 132).

Estudio de la Biblia: 1 Reyes 19:1-18. Comente con sus alumnos que hay veces que estamos muy contentos, y logramos todo lo que queremos (como pasó en el caso anterior de Elías). Sin embargo, hay otros tiempos cuando estamos tristes, sentimos que nadie nos quiere o entiende. Tal fue el caso de Elías en este relato.

Elías en el Monte

La reina Jezabel estaba enojada. Quería matar a Elías. Elías se enteró y huyó para salvar su vida. Entre caminar y correr se alejaba más y más de su pueblo. No tomó tiempo para descansar, ni comer, ni beber. Llegó al desierto y aún

DEL MAESTRO

Dios.
Cartel Visualizado: Complete el cartel *"DIOS ESTA CONMIGO"* tal como se indica en la página 102.

Actividad Introductoria: Juego: "Veinte Preguntas". Este juego motivará a los niños a contrastar el hecho de que ellos no conocen todo, pero Dios sí. Las indicaciones de cómo proceder con el juego están en Actividades de Enseñanza- Aprendizaje.

Memorización: Salmo 139:1a, 3b. Los alumnos completarán la actividad en la página 3 de la Hoja de Trabajo.

Música: El canto de la Serie "Puedo Confiar en Dios" (página 32 de esta revista).

Conversación: ¿Qué conoce Dios de nosotros? Piense en cómo dirigir una conversación amena sobre el asunto.

Estudio de la Biblia: *1 Reyes 19:1-18.* Estudie el pasaje y el relato. Por años Elías había predicado en contra del pecado que había entre los israelitas. La experiencia que tuvo Elías en el monte Carmelo era prueba de que sus esfuerzos no habían sido en vano. Fue una experiencia muy emocionante y esperada por mucho tiempo. Después de haber sido tan espectacular ese día, tuvo miedo de lo que la reina le podría hacer y huyó. La experiencia de Elías es semejante a la nuestra. Resulta a veces que después de haber tenido una experiencia hermosa en el servicio del Señor, el diablo nos ataca y caemos en su trampa. La experiencia que tuvo Elías en el estudio de hoy sirve para darnos la seguridad de que Dios siempre reconoce nuestras necesidades y lo que hacemos, y está cerca para ayudarnos. El que es maestro de niños necesita esta seguridad constantemente.

Repaso y Aplicación: Los alumnos completarán la tercera fase del Proyecto de la Unidad *"Dios Me Ayuda".*

Hacia la Meta: Completarán la actividad de evaluación de la página 4 de la Hoja de Trabajo.

CON LOS ALUMNOS

siguió caminando. ¡Qué solo y triste se sentía!

Cuando no pudo caminar más, se acostó y durmió. Había viajado mucho, pero allí estaba Dios con él. Dios sabía que Elías necesitaba comer y beber. Entonces mandó un ángel que le dijo:

—Elías, levántate y come.

Elías despertó y comió el alimento y tomó el agua que Dios le había enviado. Tan cansado estaba que se volvió a dormir. **Por segunda vez el ángel lo despertó y le dijo:**

—Levántate, come porque tienes que hacer un largo viaje. Elías comió y bebió más. Entonces tuvo fuerzas para llegar al monte de Horeb.

En el monte, Elías encontró una cueva y allí vivió. Entonces Dios le preguntó

—¿Qué haces aquí, Elías?

—Me buscan para matarme— contestó Elías muy asutado.

Elías se sentía muy desanimado y temeroso. Dios entonces le hizo ver que no estaba solo. Que él conocía cómo se sentía, y que iba a cuidar a los que todavía lo adoraban.

Después, Dios le dijo: —Tengo más trabajo para ti, Elías. Regresa a tu casa.

En el largo viaje de regreso, Elías sabía que Dios estaba a su lado y ya no tenía miedo.

Repaso y Aplicación: Haga ver a sus alumnos que así como Dios conoció y atendió las necesidades de Elías, hará lo mismo con cada uno de ellos.

Oración: Agradezca a Dios porque él los conoce y puede ayudarlos en todo momento.

EVALUACION DEL PROCESO DE ENSEÑANZA-APRENDIZAJE

Cómo Comprobar los Resultados

Muestre la página 4 de la Hoja de Trabajo. Dígales que deben pensar en tres cosas que Dios conoce de ellos y escribirlas.

PLAN DE ENSEÑANZA

SERIE: Dios Está Conmigo
UNIDAD 2: Lo Que Dios Me Da

4

DIOS ME DA UNA FAMILIA

BASE BIBLICA: Lucas 1:5-14, 57-66, 80
TEMA: Dios Me Da una Familia
PARA MEMORIZAR: Filipenses 4:19

Qué Preparar Antes de la Clase

Meta de Enseñanza-Aprendizaje: El alumno demostrará su comprensión de que Dios es el que le da su familia, por medio de dibujarla y explicar a la clase quiénes la componen.

Maestro: Con este estudio iniciamos la unidad *"Lo Que Dios Me Da"*. Por medio de ella queremos que el niño reconozca que Dios es quien suple nuestras necesidades: la familia, la casa, los alimentos.

Con el estudio de hoy los alumnos deben reconocer e interesarse por el hecho de que es Dios quien les ha dado su propia familia. Recuerde que algunos niños provienen de una familia sin papá, o sin mamá. En otros casos, vivirá más de una familia en el hogar, o quizá familiares no inmediatos. Al hablar de la familia procure tomar en cuenta estas diversidades, para que ningún niño se sienta excluido u ofendido.

Cartel Visualizado: Continúen elaborando un cartel como en la unidad anterior. Vea las indicaciones en la página 102.

Qué Hacer Durante la Clase

Actividad Introductoria: Al llegar sus alumnos, hágales notar que están iniciando una nueva unidad: *"Lo Que Dios Me Da."* Aquí tiene diferentes opciones para usar en la Actividad Introductoria: Hacer el cartel visualizado, modelar una familia o escribir algo acerca de su familia. Dé estas opciones a los alumnos para que ellos puedan escoger lo que pueden hacer con mayor habilidad.

Música: "La Familia Es Obra de Dios." Hágales ver que este canto es una alabanza a Dios por habernos dado una familia a la cual pertenecer.

Conversación: *"La Familia"*. Muestre las preguntas que usted preparó en relación con la familia. Para los niños que tal vez no viven con su familia, o no la tienen, dígales que las personas con las que viven son las que forman su familia. También pueden conversar de la responsabilidad de cada uno de los miembros para el bienestar de los demás.

Estudio de la Biblia: *Lucas 1:5-14, 57-66, 80*. Sin duda en la conversación anterior se habló de la felicidad de la familia por la llegada del nuevo niño. Explíqueles que el relato de hoy es acerca de una familia que no

ACTIVIDADES DE APRENDIZAJE

112

DEL MAESTRO ◄

Actividad Introductoria: *"Mi Familia."* Prepare los materiales necesarios para que los niños puedan modelar o dibujar a su familia.

Música: "La Familia Es Obra de Dios", No. 35, Cancionero para Niños, CBP.

Conversación: Use como motivación la portada de la Hoja de Trabajo. Desde ya piense en las preguntas que puede hacer a los niños, para dirigir la conversación.

Estudio de la Biblia: *Lucas 1:5-14, 57-66, 80.* La venida de Juan tenía el propósito de preparar el camino para el Señor Jesucristo. Zacarías era un sacerdote, y tanto él como su esposa eran reconocidos como "justos" delante de Dios e "irreprensibles" en todos los mandamientos del Señor. Esa es la clase de personas que el Señor usa para cumplir sus propósitos.

El nacimiento de Juan fue milagroso porque su madre, Elisabet, era estéril y avanzada de edad. El milagro ocurrido en Elisabet puede ser comparado con el de Sara, madre de Isaac, y el de Ana, madre de Samuel. Esas dos grandes mujeres del Antiguo Testamento. La incredulidad de Zacarías fue sancionada con la falta del habla hasta ocho días después del nacimiento de Juan.

El nacimiento de Juan fue un testimonio del amor de Dios hacia aquella familia. Juan creció bajo el cuidado de su familia, la protección de Dios y pendiente del ministerio para el cual había nacido.

Para presentar el relato, prepare un títere como el que se ilustra al pie de la página, o si prefiere otra clase de títere, siga las sugerencias de la página 102. Si lo desea puede presentar el relato en primera persona, como si fuera Zacarías el que relata la historia.

Memorización: Copie en el pizarrón la actividad *"La Biblia Dice"* que aparece en la página 4 en la Hoja de Trabajo. Si el tiempo no se lo permite, dibuje solamente las figuras geométricas.

Proyecto de la Unidad 2: Consulte los detalles de la página 104 sobre el proyecto sugerido para esta unidad. Prepare con tiempo todos los materiales. Tome en cuenta que si usa el modelado de arcilla para la actividad introductoria, no será necesario repetir la actividad.

Hacia la Meta: Prepare hojas de papel y lápices de colores para que los niños puedan dibujar a su familia.

CON LOS ALUMNOS ◄

era completamente feliz, se sentían incompletos porque no tenían hijos.

Hágales ver cómo Dios completó esta familia, proveyéndoles un niño.

Usando el títere, y basándose en el relato de las páginas centrales de la Hoja de Trabajo, haga una personificación de Zacarías. No olvide que usted tiene que adaptarla. Hágales ver la felicidad que cada niño trae a su hogar. Cada uno de ellos, los alumnos, es una bendición que Dios ha dado a sus padres. Sin ellos la familia no estaría completa, como tampoco lo estaría sin los padres. Dios nos da una familia para que permanezcamos unidos en su amor, para que le alabemos juntos y para cuidarnos unos a otros.

Memorización: Guíe a sus alumnos a encontrar el pasaje en sus Biblias, a leer y a subrayar Filipenses 4:19. Juntos, hagan una lista de todas las cosas que una familia puede necesitar. Entonces, hágales ver que Dios puede suplir todas estas cosas. Completen la actividad de la página 4 de sus Hojas de Trabajo. Como reforzamiento, que repitan la actividad en grupo, tal como usted la ha preparado en el pizarrón.

Proyecto de la Unidad: Si realizó el modelado durante la Actividad Introductoria, explique ahora que formará parte del proyecto y colóquenlo en el lugar correspondiente.

Oración: De gratitud porque Dios nos da la familia.

►EVALUACION DEL PROCESO DE ENSEÑANZA-APRENDIZAJE◄

Cómo Comprobar los Resultados

Entregue a sus alumnos las hojas de papel y los lápices de colores. Dígales que todos deben dibujar a sus familias. Cuando terminen, que cada niño diga al grupo algunas palabras acerca de su familia.

SERIE: Dios Está Conmigo
UNIDAD 2: Lo Que Dios Me Da

5

UN LUGAR PARA VIVIR

BASE BIBLICA: 2 Reyes 4:8-11
TEMA: Dios Me Da Donde Vivir
PARA MEMORIZAR: Salmo 103:2

▶ PLAN DE ENSEÑANZA

Qué Preparar Antes de la Clase

Meta de Enseñanza—Aprendizaje: El alumno demostrará su comprensión de que Dios le provee donde vivir, por medio de participar en la elaboración del proyecto de la unidad, haciendo la casa correspondiente.

Maestro: Probablemente, la mayoría de sus niños no tienen que preocuparse en cuanto a tener un lugar donde vivir; sin embargo, es importante que ellos reconozcan que el lugar donde viven es una bendición de Dios —sea que vivan en un cuartito, en un departamento o en una casa amplia. Ayúdeles a considerar también el hecho de que mientras ellos sí tienen techo, hay algunos que no lo tienen debido a necesidad material, algún desastre natural o militar que les haya dejado sin casa. Cree en los niños la conciencia de que aunque

▶ ACTIVIDADES DE APRENDIZAJE

Qué Hacer Durante la Clase

Actividad Introductoria: Collage: "El lugar donde vivo". Provea a los niños de los diferentes materiales que usted ha traído, y dígales que usen su imaginación para diseñar la casa donde viven ahora.

Conversación: Hablen sobre las diferentes clases de casas que Dios provee, según las necesidades de cada lugar y los materiales existentes en el mismo.

Música: Entonen el canto de la Serie.

Estudio de la Biblia: *2 Reyes 4:8-11.* Busquen el texto bíblico y léanlo despacio y claramente, para que todos lo entiendan. Al dar el relato a los alumnos, haga hincapié en la necesidad que tenemos de un lugar para vivir, y en el amor de Dios al proveerlo.

Un Cuarto para Eliseo

Eliseo era profeta de Dios. Tenía que andar por muchas partes hablando de Dios. A veces su trabajo lo llevaba hasta una lejana ciudad llamada Sunem. En esa ciudad vivía una familia que siempre lo invitaba a comer y lo atendía. ¡Qué agradable era para Eliseo estar con estas personas!

Un día, la mujer le dijo a su esposo:

Bendice,	alma mía,	a Jehová,
y no	olvides	ninguno	de
sus	beneficios.	Salmo 103:2

DEL MAESTRO

ellos tengan cosas buenas, siempre deben pedir a Dios por los que no tienen.

Cartel Visualizado: Prepárelo para el tema de hoy según las indicaciones de la página 102.

Actividad Introductoria: Collage "El lugar donde vivo". Prepare materiales como telas de colores, papeles, fideos, palos y otros, para que puedan diseñar la casa donde viven, en forma de collage.

Conversación: Como motivación use las páginas interiores de la Hoja de Trabajo del alumno.

Música: El canto de la serie: "Puedo Confiar en Dios". (Ver pág. 132 de este libro.)

Estudio de la Biblia: 2 Reyes 4:8-11. El corazón de este estudio es de mucha importancia. Dios nos provee un lugar donde vivir, no importa cuál y cómo sea. En él Dios quiere que exista su amor que da calor y unidad a la familia. Muchas veces, Dios usa a otras personas, fuera de nuestra familia, para proveernos del lugar para vivir, como en el caso de Eliseo. El niño debe aprender a agradecer a Dios por el lugar que Dios le ha dado para vivir.

Memorización: Salmo 103:2. Haga la silueta de una casa y prepare el texto en forma de ladrillos (Vea la ilustración al final de la página 114) para que los alumnos armen la casa.

Oración: De gratitud por los lugares que Dios nos da para vivir.

Hacia la Meta: Consulte la página 104 de este libro y guíe a los alumnos a completar la actividad del proyecto de este día. Tenga todos los materiales y un modelo ya preparado.

CON LOS ALUMNOS

—Eliseo es un verdadero siervo de Dios, y me doy cuenta de que trabaja mucho, y que no tiene un lugar donde vivir. ¿Podemos hacer un cuarto para él arriba de nuestra casa? Así, cada vez que él pase por aquí, podrá quedarse con nosotros.

—¡Qué buena idea! —contestó el señor. Hicieron planes, consiguieron los materiales necesarios, y trajeron a los albañiles. Entre todos se dedicaron a hacer el cuarto: algunos colocaban los ladrillos para la pared, otros hicieron el techo, otros, los carpinteros, prepararon los muebles y la puerta. Pronto habían terminado. ¡Qué bien había quedado el cuarto! Tenía sus muebles: cama, mesa, silla y candelero. "Ojalá venga Eliseo pronto", exclamó la mujer. "¡Será una agradable sorpresa para él!"

Después de unos días llegó Eliseo. Lo llevaron a su nuevo cuarto. ¡Qué sorpresa tan agradable tuvo Eliseo!

¡Qué bueno era tener dónde quedarse cada vez que pasara por esa ciudad! ¡Qué bueno era descansar después de un largo viaje a pie! ¡Qué bueno era tener protección del sol, del frío y de la lluvia! ¡Qué bueno era tener compañerismo con esta amable familia!

Esa noche, al apagar la luz del candelero en su nuevo cuarto, Eliseo le dio gracias a Dios porque le había dado un lugar donde estar.

Memorización: Salmo 103:2. Guíe a los alumnos a encontrar el pasaje en la Biblia, a leerlo y a memorizarlo. Coloque la silueta de la casa y reparta los ladrillos para que los alumnos armen la casa. Después completarán la actividad "La Biblia lo dice", en las páginas centrales de la Hoja de Trabajo.

Repaso y Aplicación: Mientras comienzan a elaborar el proyecto, ayúdelos a pensar en lo que Dios le ha dado a cada uno para vivir.

➤ EVALUACIÓN DEL PROCESO DE ENSEÑANZA-APRENDIZAJE ◄

Cómo Comprobar los Resultados

Cada alumno elaborará una casa en la forma que desee y la agregará al proyecto de la unidad.

SERIE: Dios Está Conmigo
UNIDAD 2: Lo Que Dios Me Da

6

DE MUCHOS SABORES Y COLORES

BASE BIBLICA: 1 Reyes 17:8-16
TEMA: Dios Me Provee Alimento
PARA MEMORIZAR: Salmo 136:25a.

▶ PLAN DE ENSEÑANZA

Qué Preparar Antes de la Clase

Meta de Enseñanza-Aprendizaje: El alumno demostrará su comprensión de que Dios nos provee los alimentos, por medio de elaborar un "collage" ilustrando diferentes clases de alimentos.

Cartel Visualizado: Prepárelo, según las indicaciones de la página 102, resaltando el tema de hoy.

Actividad Introductoria: Ensalada de frutas: Si está dentro de sus posibilidades, lleve algunas frutas frescas correspondientes a la época del lugar donde vive, un plato hondo (fuente), cuchillos sin filo, palillos para dientes y platos desechables. Tenga presente que todo esto puede ser sustituido por lo que

▶ ACTIVIDADES DE APRENDIZAJE

Qué Hacer Durante la Clase

Al llegar los alumnos, converse con ellos acerca de lo que comieron antes de llegar a la clase. Explíqueles que el estudio de hoy hablará sobre cómo Dios provee los alimentos.

Actividad Introductoria: *Ensalada de Frutas.* Pida a sus alumnos que le ayuden a hacer una ensalada de frutas. Encárgueles que se laven las manos, y entonces reparta los cuchillos sin filo para que corten y preparen la ensalada.

Memorización: Salmo 136:25a. Enséñeles la cartulina que preparó con el versículo de hoy. Que lo busquen y lo subrayen en la Biblia. Ayúdeles a entender lo que significa la expresión: *"todo ser viviente"*. Hable de cómo Dios nos provee la comida, las semillas, las plantas, los árboles y los animales para que el hombre tenga alimento. Recuérdeles que algunas cosas como las frutas están listas para comer, pero que otras necesitan que se las cocine para poder comerlas. Entrégueles la Hoja de Trabajo para que realicen la actividad de la página 4. Haga hincapié en la idea de que aunque el hombre tiene que trabajar, es Dios quien nos provee el alimento, da al hombre la fuerza e inteligencia para usar esos productos.

Música: Los cantos "Puedo Confiar en Dios" y "Gozoso Estoy".

Conversación: Este es un buen momento para tocar el tema mencionado en el párrafo dedicado al *maestro*. Piensen en cómo ellos pueden ser el medio que Dios use para que alguien en su barrio o ciudad que está necesitado, pueda recibir alimentos. Quizá

DEL MAESTRO

se tenga a la mano.
Memorización: *Salmo 136:25a*. Prepare el versículo para memorizar en una cartulina que tenga la forma de una fruta, como el modelo al pie de la página 116.
Música: Entonen el canto de la serie y "Gozoso Estoy", mencionando los alimentos dentro de este canto.
Conversación: Harán planes para llevar alimentos a una persona necesitada.
Estudio de la Biblia: *1 Reyes 17:8-16*. Imagine la angustia que sentía la viuda al recoger la leña para preparar la última comida para ella y su hijo, y luego la desesperación que sintió cuando Elías le pidió el pan. La prueba de su fe fue darle primero a Elías. Nuestras circunstancias son diferentes, pero Dios quiere que confiemos en que él nos proveerá.

Repaso y Aplicación: *Drama:* Prepare un vestuario sencillo de telas o ropa usada para la viuda, su hijo y Eliseo. Vea los cuadros en la Hoja de Trabajo para saber como era la ropa de esa época. Prepare leña y otros elementos que se mencionan en el relato, para que sea más significativo para los niños. Estudie bien la sección para drama que se presenta en las Actividades de Aprendizaje.
Proyecto de la Unidad: Lo completarán según las indicaciones de la página 104.
Hacia la Meta: Prepare una cartulina grande (1m. x 1m.) donde esté dibujada una cesta. Lleve a la clase recortes de frutas de todo tipo y algunos vegetales. También debe tener pegamento para poder elaborar el collage.

CON LOS ALUMNOS

puedan planear hacer una despensa, una canasta de frutas, o algo similar. Si es así, citen el día y la hora cuando lo harán (o pueden traer el alimento encargado a la próxima clase, preparar la canasta o caja, y usted encargarse de llevarla).
Estudio de la Biblia: *1 Reyes 17:8-16*. *La Comida Que No Se Terminó*. Resalte en los alumnos cómo Dios nos muestra su amor al proveernos los alimentos que nutren y ayudan al desarrollo de nuestro cuerpo. Que el hombre a veces hace mal uso de los que Dios nos da y lo desperdicia. Que todos debemos compartir lo que tenemos, en vez de desperdiciarlo. Por medio de preguntas motívelos para iniciar el estudio. ¿Qué haces cuando tienes hambre? ¿Has pensado alguna vez que no volverías a comer porque no había más alimento en tu casa? Así pensaban los personajes de la historia que vamos a escuchar. Continúe con el relato usando como base las páginas centrales de la Hoja de Trabajo.

Proyecto de la Unidad: Entregue los materiales para que completen esta actividad.
Repaso y Aplicación: *Drama:* Prepare a los niños para dramatizar la historia. Déjelos decir cuáles personajes se necesitan (viuda, su hijo y Elías). Pida voluntarios para actuar. El drama debe comenzar cuando Elías entra a la ciudad. Dé un breve repaso por medio de preguntas: ¿Qué hacía la viuda cuando llegaba Elías a la ciudad? ¿Qué pidió Elías? ¿Qué le dijo la viuda? ¿Qué dijo la viuda? ¿Qué contestó Elías? ¿Para quién debía preparar el primer pan? ¿Por qué no debía preocuparse la viuda? Si los niños han entendido bien lo anterior, podrán participar en el drama expresándose en sus propias palabras. Póngales el vestuario. Si llevó leña y masa, déselos para que los usen. Al terminar, pueden decir los tres personajes en coro: "Gracias, Dios porque nos provees comida".
Oración: De gratitud por los alimentos que Dios nos provee.

➤ EVALUACION DEL PROCESO DE ENSEÑANZA-APRENDIZAJE ◄

Cómo Comprobar los Resultados

Reparta entre los niños los recortes de frutas y vegetales que trajo. En la cartulina que preparó con la cesta, permita que cada uno pegue una fruta o verdura, así elaborarán entre todos el "collage".

SERIE: Dios Está Conmigo
UNIDAD 3: Dios Me Perdona

7

ME PERDONA TODO LO MALO

BASE BIBLICA: Lucas 19:1-10
TEMA: Dios Perdona a Través de Jesús
PARA MEMORIZAR: 1 Juan 1:9

▶ PLAN DE ENSEÑANZA

Qué Preparar Antes de la Clase
Meta de Enseñanza-Aprendizaje: El alumno demostrará su comprensión de que Dios le perdona a través de Jesús y le ayuda a hacer lo bueno, por medio de relacionar tres cuadros que representan malas acciones, con los correspondientes que muestran cómo Dios le ayuda a hacer lo bueno.

Maestro: Con esta nueva unidad, enseñaremos al niño el concepto de que Dios le perdona. Es importante, al señalar que Dios le perdona, no hacer hincapié en lo negativo: que él es un niño terrible que merece arder en el infierno (un concepto que algunos adultos trasmiten a los niños), sino lo positivo: que él es un niño que sí comete pecados, pero que Dios lo ama tanto que lo perdona. Además, en estos estudios se resalta el hecho

▶ ACTIVIDADES DE APRENDIZAJE

Qué Hacer Durante la Clase
Actividad Introductoria: *Cartel.* Reparta todos los materiales para que los niños preparen el cartel visualizado, como se indica en la página 102 de este libro.

Música: Si consiguió el casete, hágales escuchar la melodía antes de entonar la canción.

Conversación: Conversen acerca de las malas acciones que a veces hacemos sin desearlo. También, de cómo a veces causamos daño a alguna otra persona o familia sin proponérnoslo. Una mala mirada, despreciar a algún compañero, decir alguna mentira sobre otra persona... Haga hincapié en que necesitamos pedir perdón a Dios por todas estas cosas, aunque las hagamos sin querer.

Dios nos perdona por medio de Jesús, cuando nosotros se lo pedimos.

Estudio de la Biblia: Soy Zaqueo. *Lucas 19:1-10.* Pregunte: Cuando desean ver o tomar algo, pero no pueden alcanzarlo ¿qué hacen? Vamos a escuchar lo que hizo un hombre bajito para poder ver a Jesús. En este momento escucharán el testimonio de Zaqueo por la grabadora o por la persona indicada. Si usa la grabadora, prepárela con anticipación en el lugar donde debe comenzar y el volumen que tendrá. Cuando termine la grabación, hágales algunas preguntas en relación con ésta, para comprobar si los niños comprendieron el relato. Hágales ver que niños y adultos hacemos cosas que no le

DEL MAESTRO

de que Dios es el que perdona, este perdón llega a través de la persona de Jesús.

Actividad Introductoria: Prepare una cartulina que diga: Dios me perdona. Consiga cuadros que muestren esta situación. Va a necesitar marcadores para que los alumnos completen la información del cartel. Vea página 102 de este libro.

Música: *"Confesión"*, No. 19 del Cancionero para Niños. C.B.P. Si le es posible consiga el casete de acompañamiento del mismo libro.

Conversación: Los alumnos podrán hablar acerca del perdón que Dios nos da por medio de Jesús.

Estudio de la Biblia: Lucas 19:1-10. Estudie el pasaje y el testimonio de Zaqueo que aparece en la página 2 de la Hoja de Trabajo. Para la presentación del testimonio, grábelo en casete o pida a un maestro que lo lea en la clase desde atrás de una cortina. Con suficiente anticipación dé el testimonio escrito a la persona que lo va a leer, para que se prepare bien. Hágale ver la importancia de leer pausada y expresivamente, como si estuviera platicando con los niños. Observe que esta es una historia que muestra el perdón de Dios hacia un hombre pecador. Así, Dios nos perdona cada vez que pecamos y arrepentidos le pedimos perdón.

Memorización: *1 Juan 1:9.* Escriba en tiras de papel, cada palabra del versículo.

Proyecto de la Unidad: Consulte la página 105 para prepararse según los detalles allí especificados.

Hacia la Meta: Para demostrar que la han cumplido, completarán una actividad de la página 4 de la Hoja de Trabajo.

CON LOS ALUMNOS

agradan a Dios y a eso llamamos pecado. Sin embargo, Dios siempre está dispuesto a perdonarnos cuando nos arrepentimos de todas estas cosas y le pedimos que nos perdone.

Es muy importante que los niños conozcan a Dios como un Dios de amor, que se pone triste cuando no le obedecemos. Procure que por ningún motivo tengan el concepto de un Dios malo y castigador, pero a la vez, deben reconocer que el pecado trae sus propias consecuencias.

Memorización: *1 Juan 1:9.* Busquen, lean y subrayen el texto en sus Biblias. Memorícenlo en tres partes, según la puntuación. Entregue las tiras de la primera parte para que las pongan en orden en el tarjetero. Sigan así con las otras dos partes y luego todo junto. Dé oportunidad para que tres alumnos, voluntariamente, digan en sus propias palabras lo que ellos entienden de cada parte del texto. Guíeles a realizar la actividad de la página 3 de la Hoja de Trabajo.

Repaso y Aplicación: Use el texto para memorizar y haga una aplicación de éste a la vida de cada quien. Hágales ver que pecado es lo malo que hacemos; y confesar es decírselo a Dios. "Perdonar" es olvidar y es lo que hace Dios cuando le confesamos lo malo y le pedimos perdón. Explíqueles que esta parte del versículo es una promesa, y porque él es fiel, siempre cumple perdonándonos cuando le decimos lo malo que hemos hecho. También es fiel para limpiarnos de nuestros pecados. Nos deja como si nunca hubiéramos hecho mal.

Proyecto de la Unidad: Realizarán la actividad como está indicado en la página 105 de este libro.

Oración: Guíelos en una oración. Ellos dirán (confesar) a Dios cualquier acción incorrecta que consideren pecado y le pedirán perdón por ella. Den gracias porque Dios les perdona y les ayuda a hacer el bien.

►EVALUACION DEL PROCESO DE ENSEÑANZA-APRENDIZAJE◄

Cómo Comprobar los Resultados

Guíe a los niños a resolver la actividad de la página 4 de la Hoja de Trabajo. Explique lo que representa cada columna de cuadros y deje que cumplan individualmente la tarea.

SERIE: Dios Está Conmigo
UNIDAD 3: Dios Me Perdona

¿A QUIEN LE GUSTAN LAS MENTIRAS?

BASE BIBLICA: Marcos 14:54, 66-72; Juan 21:17; Lucas 22:54-62.
TEMA: Dios Perdona Mis Mentiras
PARA MEMORIZAR: 1 Juan 1:9

▶ PLAN DE ENSEÑANZA
Qué Preparar Antes de la Clase

Meta de Enseñanza-Aprendizaje: El alumno demostrará su comprensión de que Dios perdona sus mentiras, por medio de completar un diálogo en la Hoja de Trabajo.

Maestro: Al enseñar a los alumnos que Dios les perdona, es muy importante hacerles ver las dos partes del perdón. Dios nos perdona, pero el arrepentimiento también incluye el deseo de no volver a pecar. Ayude a los alumnos a tener conciencia de las veces que actúan mal. A la vez, reconozca que son niños, no espere de ellos un comportamiento de personas adultas.

Actividad Introductoria: Lleve suficiente papel y lápices para que los alumnos hagan una lista, o dibujen situaciones en las cuales les es difícil decir la verdad.

Cartel Visualizado: Consulte la página 102 de este libro y complete el cartel correspondiente a este estudio.

Memorización: *1 Juan 1:9.* Será el mismo texto de la semana anterior. Para repasarlo, escríbalo en letras grandes sobre cartulina.

▶ ACTIVIDADES DE APRENDIZAJE

Qué Hacer Durante la Clase

Actividad Introductoria: *Listado.* Divida a sus alumnos en pequeños grupos y pídales que piensen en aquellos momentos cuando se les hace más difícil decir la verdad, y que hagan una lista de estas situaciones. O si lo prefieren, que cada niño haga un dibujo ilustrando una de estas situaciones.

Cartel Vizualizado: Coloque el cartel en el lugar correspondiente y llame la atención de los alumnos hacia el mismo.

Memorización: *1 Juan 1:9.* Guíe a sus alumnos a encontrar el pasaje en sus Biblias y a leerlo. Entonces reparta entre los niños las partes del versículo que preparó en forma de rompecabezas. Juntos lo armarán y repetirán.

Música: *"Confesión",* y una estrofa del canto de la Serie: *"Puedo Confiar en Dios".*

Conversación: Pida a sus alumnos que muestren sus listas o sus dibujos. Hablen de esas situaciones en que les pesa decir la verdad. Ayúdeles a hacer una balanza entre las consecuencias a corto plazo de cuando uno dice la verdad, aun cuando les puede traer consigo disciplina por parte de los padres, y las consecuencias a largo plazo cuando uno se acostumbra a salir de los problemas contando mentiras.

Estudio de la Biblia: Marcos 14:54, 66-72; Juan 21:17; Lucas 22:54-62. Inicie el relato haciendo la siguiente pregunta: ¿A quién le gusta mentir? Sin duda ninguno de los niños se atreverá a levantar la mano.

SI CONFESAMOS NUESTROS PECADOS, EL ES FIEL Y JUSTO PARA PERDONAR NUESTROS PECADOS, Y LIMPIARNOS DE TODA MALDAD
1 JUAN 1:9

DEL MAESTRO

Después, córtelo en unos quince pedazos, dividiendo las palabras. Haga suficientes rompecabezas para que haya uno para cada tres alumnos.

Música: *"Confesión"*, No. 19 del Cancionero para Niños. C.B.P. El canto de la Serie: *"Puedo Confiar en Dios"*.

Conversación: Use la lista o los dibujos que los alumnos harán en la Actividad Introductoria.

Estudio de la Biblia: *Marcos 14:54, 66-72; Juan 21:17; Lucas 22:54-62.* Estudie los tres pasajes y la historia en la Hoja de Trabajo. Podemos comprender bien la experiencia de Pedro porque a veces es la nuestra. Pedro tuvo miedo de decir la verdad. Fue amarga su experiencia, pero al darse cuenta de que había mentido se arrepintió y la mentira no llegó a ser hábito en su vida. Las mentiras a veces aparentan ser inconscientes, o nos acostumbramos tanto a ellas que nos parecen verdades. Es importante meditar en esto porque tanto adultos como niños nos acostumbramos a decir mentiras. Con la mentira solamente formamos a nuestro alrededor un mundo de fantasía que tarde o temprano trae intranquilidad. Nadie puede vivir feliz en medio de la mentira; cuando ésta es descubierta, siempre traerá vergüenza al mentiroso. El relato de hoy nos da un gran ejemplo al respecto. Pedro Mintió pero se arrepintió y supo pedir perdón. No se quedó así simplemente, sino que sin duda procuró no mentir más. Esto es lo que queremos sembrar en el niño. Que comprenda que Dios le perdona, pero que también aprenda a desechar la mentira en todos sus aspectos.

Repaso y Aplicación: Piensen en maneras prácticas de vencer la mentira para que no llegue a ser un hábito en sus vidas.

Proyecto de la Unidad: Consulte la página 4 de esta revista. Prepare sus materiales con tiempo.

Hacia la Meta: Use el ejercicio "Dios Perdona Mis Mentiras", en la página 4 de la Hoja de Trabajo. Si lo desea, prepare a uno o dos niños para que le ayuden a leerlo en forma de dramatización.

CON LOS ALUMNOS

Como en secreto dígales: "Pedro mintió... y lo hizo de esta manera": Introduzca el relato de las páginas centrales de la Hoja de Trabajo. De ser posible haga el relato de memoria para mantener la atención de los niños.

Repaso y Aplicación: Cuente la siguiente historia y al terminar haga referencia a la vida de cada alumno. A Emma le gustaba mucho ir al templo con sus papás. Un día en su escuela unos compañeros se burlaban de los niños que iban al templo los domingos en vez de salir a pasear. Uno de ellos preguntó: ¿Cuántos de ustedes van al templo? Casi todos dijeron que no iban. ¿Qué debía contestar Emma? Sí, le gusta mucho ir al templo, pero si decía que sí, quizá estos niños dejarían de ser sus amigos. Tuvo miedo y entonces dijo que no iba al templo - mintiendo. Durante el tiempo de clases Emma se sintió muy triste. Cuando llegó a su casa, contó todo a su mamá. Ella le recordó a Emma lo que dice la Biblia en 1 Juan 1:9 (abra la Biblia y léalo), y agregó que Dios le daría valor para decir la verdad a sus amigos. Emma oró contándole a Dios lo sucedido y le pidió perdón. Nuevamente, Emma se sintió feliz.

Oración: Dé oportunidad para que todos los niños oren confidencialmente al Señor, pidiéndole perdón y ayuda para hacer lo bueno.

EVALUACION DEL PROCESO DE ENSEÑANZA-APRENDIZAJE

Cómo Comprobar los Resultados

Ayude a los alumnos a realizar la actividad de la página cuatro de la Hoja de Trabajo. Pida a un niño que lea lo que escribió en la primera parte (mitad del versículo). Otro niño puede completar el texto. Después, pida a varios niños que lean lo que escribieron como la respuesta de Luis. Al escuchar las respuestas se dará cuenta del grado de su comprensión y tendrá oportunidad de seguirles ayudando.

SERIE: Dios Está Conmigo
UNIDAD 3: Dios Me Perdona

PERDONADO

BASE BIBLICA: Mateo 27:38-44; Lucas 23:32-43
TEMA: Dios Me Perdona Y Me Ama.
PARA MEMORIZAR: Juan 3:16

▶ PLAN DE ENSEÑANZA

Qué Preparar Antes de la Clase

Meta de Enseñanza-Aprendizaje: El alumno demostrará su comprensión de que Dios le ama y le perdona, por medio de memorizar y repetir en la clase Juan 3:16.

Maestro: Aproveche el estudio de hoy para dar el mensaje de la salvación de una manera muy sencilla y al alcance de los niños. Destaque lo siguiente: 1. Que todos somos pecadores. 2. Porque somos pecadores, no merecemos estar cerca de Dios. 3. Dios nos ama, y por medio de Jesús nos perdona. 4. Si aceptamos el perdón de Jesús, él es nuestro mejor amigo y Salvador. Recuerde, no debe esperar que todos los niños tomen una decisión por Cristo, pero en todos está sembrando la semilla. A la vez, recuerde que aunque tenga una o varias decisiones, su trabajo allí no ha terminado, sus alumnos necesitan mucho de usted, para que los continúe cultivando y guiando en los caminos del Señor

Música: Escriba en tres diferentes carteles la estrofa No. 3 de los siguientes cantos: "Vida Abundante", "En la Cruz" y "De Tal

Qué Hacer Durante la Clase

Cartel Visualizado: Coloque el cartel en un lugar muy visible para los niños y recuérdeles que con este estudio finalizarán la serie de carteles. Si tienen tiempo para hacer un pequeño repaso de lo estudiado anteriormente, los carteles serán el mejor auxiliar.

Música: Divida la clase en tres grupos y reparta los carteles que preparó con los himnos. Cada grupo se encargará de ilustrarlos según lo que el himno dice. Recuérdeles que solamente contarán con unos diez minutos para hacerlo. Cada grupo entonará el himno que ilustró.

Conversación: Si consiguió las ilustraciones, provoque una plática acerca de lo que expresan. Si no tiene ilustraciones, hablen de las cosas malas que hacemos y que la Biblia llama PECADOS. Haga ver a los alumnos que no existe una sola persona que no cometa pecados. Que únicamente Jesús no pecó, sin embargo él fue quien pagó por los nuestros.

▶ ACTIVIDADES DE APRENDIZAJE

Estudio de la Biblia: *Mateo 27:38-44; Lucas 23:32-43.*

UN LADRON PERDONADO

En el Monte Calvario habían tres cruces. En las de los lados estaban colgados dos ladrones. En la de en medio estaba Jesús, el Hijo de Dios. Cerca de las cruces había mucha gente observando lo que sucedía. Estas personas y los dos ladrones, escucharon cuando Jesús dijo: "Padre, perdónalos, porque no saben lo que hacen". La gente estaba muy sorprendida de escucharlo. Sin embargo, muchos de los que estaban allí, se burlaban de Jesús

Por que de tal manera amo Dios al mundo que ha dado a su Hijo Unigenito para que todo aquel que en el cree no se pierda mas tenga vida eterna. Juan 3:16

DEL MAESTRO

Manera Me Amó. Nos. 178, 110 y 104 del Himnario Bautista. Lleve marcadores de colores para que los niños ilustren los himnos. Prepárese para enseñar esos himnos a tres diferentes grupos. Recuerde que esto es según las posibilidades de la clase y que usted puede optar por cualquier otra forma.

Conversación: Consiga algunas ilustraciones de niños o personas mayores haciendo algo malo (robando, peleando, etc.) y piense en la mejor forma de usar estos ejemplos para aclarar al niño, las cosas que son pecado.

Estudio de la Biblia: *Mateo 27:38-44; Lucas 23:32-43*. Este es el último estudio de la Unidad: *"Dios Me Perdona"*. El enfoque de hoy es sobre el amor, un amor que expresó Dios a través de su Hijo, Jesucristo. Fue este amor el que hizo posible el perdón y fue demostrado hacia el ladrón en la cruz. Para él todo había acabado. Pero cuando le perdonó Jesús, se dio cuenta de que era el principio de vivir, no el fin.

Es importante que los niños comprendan que el amor de Dios y el perdón, expresados en Jesucristo, no son exclusivos de unas cuantas personas, sino de aquellos que lo acepten como Dios lo ofrece por medio de su Hijo. Usted debe guiar, a los niños que así lo deseen, a que conozcan a Jesús como el medio que Dios ofreció para el perdón de nuestros pecados.

Memorización: *Juan 3:16*. Corte una cartulina en forma de corazón y escriba en él el texto para memorizar. Luego divídalo en varias partes como un rompecabezas. Este corazón debe ser lo suficientemente grande, para que todos alcancen una pieza del rompecabezas y participen en armarlo. Si el grupo es muy grande, deberá hacer más de un corazón.

Repaso y Aplicación: Aclare los conceptos del versículo para memorizar que para los niños resulten extraños.

Proyecto de la Unidad: Consulte la página 105 de este libro. Prepare los materiales necesarios para completar el proyecto de la unidad.

Hacia la Meta: Use nuevamente el rompecabezas usado en el ejercicio de memorización para reforzar el aprendizaje de Juan 3:16.

CON LOS ALUMNOS

y le decían: "Bájate de la cruz y creeremos que eres el Hijo de Dios". Pero Jesús no se bajó de la cruz. Se quedó allí para sufrir el castigo de nuestros pecados. Uno de los ladrones también se burlaba de Jesús. El otro sabía que merecía ser castigado por el mal que había hecho; pero también sabía que Jesús no había hecho nada para merecer la muerte. Creía que Jesús era el Hijo de Dios y le pidió que se acordara de él. Jesús le perdonó y le dijo que aquel mismo día estaría con él en el cielo.

Memorización: *Juan 3:16*. Reparta entre los niños las partes del versículo que preparó en forma de rompecabezas, pídales que lo armen. Luego repitan todos juntos el versículo hasta memorizarlo. Guíelos a completar la actividad de memorización de la Hoja de Trabajo.

Repaso y Aplicación: Dé oportunidad a los niños para que, en sus propias palabras, expliquen lo que dice el versículo que aprendieron. Según la comprensión que muestre amplíe la explicación, enfocando el tema del amor de Dios. Hágales ver que este amor fue expresado por Dios a través de su Hijo Jesucristo. Lleve a los alumnos a sentir personalmente el amor y el perdón de Dios. Haga una sencilla invitación, sin presiones.

Proyecto de la Unidad: Completen el proyecto para esta Unidad.

Oración: De gratitud a Dios por su amor y perdón.

➤ EVALUACION DEL PROCESO DE ENSEÑANZA-APRENDIZAJE ◄

Cómo Comprobar los Resultados

Cada uno de los niños repetirá de memoria Juan 3:16. Para motivar este momento, puede organizar un pequeño concurso por grupos para ver cuántos de cada grupo pueden repetir el texto de memoria.

➤ PLAN DE ENSEÑANZA

SERIE: Dios Está Conmigo
UNIDAD 4: Dios Envió a Jesús

10

DIOS ENVIA ¡BUENAS NUEVAS!

BASE BIBLICA: Lucas 1:26-56
TEMA: Dios Anunció a María el Nacimiento de Jesús
PARA MEMORIZAR: Lucas 1:47 V.P.

Qué Preparar Antes de la Clase

Meta de Enseñanza-Aprendizaje: El alumno demostrará su comprensión de que Dios anunció a María el nacimiento de Jesús, por medio de participar en una lectura coral, basada en Lucas 1:26-56.

Maestro: Por las fechas navideñas que se acercan, y porque los niños están saturados de la propaganda comercial, hemos preferido girar estos estudios del módulo Dios hacia el nacimiento de Jesús. El énfasis principal de esta Unidad está en el amor de Dios demostrado al enviar a Jesús. Recuerde que lo más importante de esta época es que Jesús nazca en los corazones de sus alumnos y en los de sus familiares también.

Actividad Introductoria: Proyecto de la Unidad: "Dios Envió a Jesús". Consulte la página 105 para más detalles sobre el proyecto. Hoy adornarán los bordes del

➤ ACTIVIDADES DE APRENDIZAJE

Qué Hacer Durante la Clase

Actividad Introductoria: Si es posible, mientras los alumnos trabajan en el proyecto de la unidad, ponga música navideña. Explique los detalles del proyecto y enseñe el modelo que preparó. Reparta los materiales necesarios para que cada alumno inicie la elaboración de su propio cuadro. No olvide que este proyecto es para hacerlo durante toda la unidad, así es que debe guardar bien los trabajos hechos.

Música: Entonen alegremente el canto que escogió para esta oportunidad.

Conversación: Coloque sobre la mesa todos los adornos navideños que trajo. Hable sobre las costumbres del lugar y hágales ver que la mayor importancia de estas fechas es que celebramos que Dios envió a su Hijo.

Estudio de la Biblia: *Lucas 1:26-56.* Pregúnteles: ¿Qué pasa cuando les hacen una promesa y al fin llega el momento de cumplírselas? Dé oportunidad para que respondan a esto sin ocupar demasiado tiempo. Explíqueles que Dios había prometido con mucha anticipación, que enviaría a su Hijo al mundo. El tiempo de cumplir esa promesa había llegado y ahora Dios lo anunciaba por medio de un ángel, a una señorita llamada María. En este momento entrarán los jóvenes para escenificar la historia de hoy.

DEL MAESTRO

cuadro y prepararán las figuras de María y José. **Materiales:** Los cuadros de arpillera (manta), lana (estambre) roja (o espiguilla dorada), los círculos para la cara de José y María. Triángulos de diferentes colores para la ropa. Prepare con anticipación un modelo para que los niños tengan una idea de lo que harán.

Música: Escoja los himnos que usará durante la Unidad. Aquí le sugerimos algunos: *"Jesús Prometido",* No. 7, Cancionero para Niños. *"En un Pesebre Yace un Niñito"* y *"En Belén Nació Jesús"* (Nos. 65 y 57 del Himnario Bautista).

Conversación: Consiga algunos pequeños adornos navideños.

Estudio de la Biblia: *Lucas 1:26-56* Estudie bien el pasaje y pida a tres jóvenes que escenifiquen este pasaje bíblico para los niños. Una joven hará el papel de María, otro joven puede vestirse de ángel, y el último hará el papel de narrador. Deben estar vestidos con ropas acordes con la época del pasaje bíblico. Entregue a los jóvenes un bosquejo de lo que dirán durante ese tiempo. Reflexione usted mismo sobre la intervención de Dios al enviar a Jesús. Piense en la mejor manera de transmitir esto a los alumnos.

Memorización: *Lucas 1:47.* En una cartulina dibuje una campana grande y escriba en ella el texto para memorizar. Prepare varias campanas pequeñas, donde cada niño pueda escribir el texto.

Repaso y Aplicación: Piense en dejar claro en los niños que Dios envió a Jesús por amor a todas las personas. Que Dios sigue mostrando su amor a través de Jesús.

Hacia la Meta: Lea el *"coro leído"* que aparece en la página cuatro de la Hoja de Trabajo y piense en los alumnos que le podrían ayudar: el narrador será un solo niño, la parte que le corresponde a María la leerán las niñas, y la parte del ángel la leerán los varones.

CON LOS ALUMNOS

El Mensaje del Angel

Narrador: Un día, una joven llamada María tuvo un visitante muy especial. Era el ángel Gabriel.

Angel: No temas, María. Vengo para decirte que vas a tener un hijo, y le pondrás por nombre Jesús. Será el Hijo de Dios.

María: ¿Cómo puede ser?

Angel: Tu hijo nacerá por el poder de Dios. Tu prima Elisabet, que no podía tener hijos, también tendrá un hijo por el poder de Dios. Nada es imposible para Dios.

María: Que sea como has dicho. Mi mayor deseo es servir a Dios.

Narrador: Más tarde, María fue a visitar a su prima Elisabet. Juntas, se gozaron por los hijos que Dios les iba a dar. María permaneció tres meses en casa de Elisabet. Luego regresó a Nazaret, para prepararse para el nacimiento de su bebé.

Relato basado en Lucas 1:26-56.

Memorización: Guíelos a realizar la actividad *"La Biblia Dice",* en la página 3 de la Hoja de Trabajo. Luego, que escriban el texto en las siluetas de campanas que el maestro preparó.

Repaso y Aplicación: Haga notar a los alumnos el amor de Dios al cumplir la promesa que había hecho de que enviaría a su Hijo al mundo. Dígales que Dios aún sigue anunciando la Buena Nueva de la venida de su Hijo, para aquellos que quieran creer en él.

Oración: De gratitud porque Dios está con nosotros.

EVALUACION DEL PROCESO DE ENSEÑANZA-APRENDIZAJE

Cómo Comprobar los Resultados

Coro leído: Muestre a sus alumnos la página cuatro de la Hoja de Trabajo e indíqueles cómo participarán. Al terminar, haga preguntas para asegurarse de que han entendido lo que leyeron.

SERIE: Dios Está Conmigo
UNIDAD 4: Dios Envió a Jesús

11

CON UN CORO DE ANGELES

BASE BIBLICA: Lucas 2:1-20
TEMA: Dios Anunció la Venida de Jesús por Medio de Angeles
PARA MEMORIZAR: Lucas 2:13, 14

▶ PLAN DE ENSEÑANZA

Qué Preparar Antes de la Clase

Meta de Enseñanza-Aprendizaje: El alumno demostrará su comprensión de que Dios envió ángeles para anunciar el nacimiento de Jesús, por medio de participar en la ilustración de un mural.

Maestro: Piense en diferentes maneras en las que los niños pueden hacer algo práctico para festejar la Navidad. Por ejemplo, preparar una despensa para una familia necesitada, o cada quien traer un regalito para llevar a niños necesitados. Hable con su pastor o encargado del ministerio de beneficencia en su iglesia, para saber cuál necesidad específica pueden cubrir. Durante la clase, transmítaselo a sus alumnos, para que tengan la semana para conseguir lo que traerán. Será mejor, si puede preparar notas al respecto, para que las entreguen a los padres.

Actividad Introductoria: Proyecto de la unidad. Los alumnos prepararán las figuras

Qué Hacer Durante la Clase

Actividad Introductoria: Proyecto de la Unidad. Reparta los cuadros de manta, las siluetas del bebé, para que dibujen la cara. Lo colocarán dentro del pesebre y lo pegarán en el centro del cuadro. Con tiras de lana, de diez cms. representarán la paja del pesebre.

Música: Los sugeridos en el Plan de Enseñanza.

Conversación: Hable a sus alumnos, explicándoles que la Navidad no sólo es el tiempo de recibir, sino también de dar. Preséntales el proyecto de llevar una despensa o regalos a personas necesitadas. Ofrézcales alternativas específicas, para que ellos escojan lo que desean hacer. Si es factible, escriba en el pizarrón el recado que deben dar a sus papás, para que ellos mismos lo copien y lo lleven a sus casas.

▶ ACTIVIDADES DE APRENDIZAJE

Estudio de la Biblia: *Lucas 2:1-20.* Lean el pasaje todos juntos. Haga un resumen de las personas que Dios usó y que son mencionadas en este pasaje. (Augusto César, Cirenio, José, María, los pastores y ángeles). No olvide que es muy importante hacer sentir la presencia de Dios en cada cosa que sucediera. Al narrar la historia use diferentes tonos de voz.

Un Mensaje para Compartir

La noche era oscura y fría; en el campo, cerca de Belén un grupo de pastores cuidaba su rebaño alrededor de una fogata. Todo estaba en silencio; el cielo estaba hermosamente adornado por la luna y las estrellas que brillaban.

De repente, el cielo se iluminó mucho, como si fuera de día. En medio de esa luz

DEL MAESTRO

del bebé y el pesebre (vea pág. 105). Prepare las siluetas de éstos, usando los patrones de la página 103. Materiales: siluetas de tela color castaño para el pesebre, siluetas del bebé en cartón amarillo, lana amarilla.

Música: *"En un Pesebre Yace un Niñito"* y *"En Belén Nació Jesús"* (Nos. 65 y 57 del Himnario Bautista). *"Jesús Prometido"* (No. 7 del Cancionero para Niños C.B.P.).

Conversación: Será el momento propicio para presentar el proyecto de llevar una despensa o regalos a personas necesitadas.

Estudio de la Biblia: *Lucas 2:1-20*. Lea el pasaje bíblico y medite nuevamente en la intervención de Dios para anunciar la venida de Jesucristo al mundo: Los pastores recibieron el mensaje de una forma sobrenatural. Trate de imaginar la escena que relata este pasaje y la emoción de ese momento. Los pastores fueron a comprobar la veracidad del anuncio que Dios les enviaba a través del ángel. Llegaron para contemplar su veracidad y salieron para glorificar a Dios por lo que habían visto y oído. Esta es una preciosa oportunidad para relatar este acontecimiento de tal manera que los niños "pinten" en su imaginación cada uno de estos hechos y alaben a Dios por el nacimiento de Jesús.

Memorización: *Lucas 2:13, 14*. Prepare el versículo de hoy en forma de un arbolito de Navidad. Escriba el texto y luego divídalo de manera que quede un rompecabezas (vea ilustración).

Hacia la Meta: Prepare los materiales necesarios para la elaboración del mural. Un pliego de papel grande (si es posible, dibuje en él suavemente la escena, para que los niños la repasen y pinten), crayones, tijeras. También puede dibujar usted a los pastores y que los niños solamente dibujen la escena de los versículos 13 y 14. Puede usar un cuadro que ilustre la escena para dar a los niños una orientación más clara de lo que queremos que ilustren.

CON LOS ALUMNOS

tan radiante apareció un ángel. Al ver esto, los pastores se asustaron mucho y temblaron, pero el ángel les dijo: -No teman, he venido a darles noticias que llenarán de gozo a los hombres. Hoy, en el pueblo de Belén, ha nacido un niño. Es Cristo el Señor y Salvador del mundo.

Los pastores estaban maravillados por lo que sucedía y se preguntaron cómo reconocerían al niño. El ángel continuó diciéndoles: El niño está envuelto en pañales, acostado en un pesebre. Entonces, junto con el ángel apareció un coro de ángeles que decía: ¡Gloria a Dios en las alturas,y en al tierra paz, buena voluntad para con los hombres!

Los pastores se dieron prisa para llegar a Belén. Hallaron al niño tal como lo había dicho el ángel. Todos se maravillaron de lo que los pastores contaban. Luego ellos regresaron al campo alabando a Dios por lo que habían visto y oído.

Relato basado en Lucas 2:1-20.

Memorización: *Lucas 2:13, 14*. Reparta entre los niños las partes del rompecabezas que preparó. Pídales que lo armen; una vez que lo hayan hecho, léanlo y búsquenlo en sus Biblias para subrayarlo. Repítanlo varias veces (cortándolo en secciones de acuerdo con la puntuación), hasta memorizarlo.

Repaso y Aplicación: Deje bien claro en los alumnos la intervención de Dios en el anuncio de la venida de Jesús. Que Dios puede usar ahora, diferentes medios para anunciarnos que Cristo es nuestro salvador.

Use la actividad del crucigrama en la página 4 de la Hoja de Trabajo.

Oración De gratitud por el niño Jesús, y de petición para que Dios les ayude a tener el verdadero espíritu navideño.

► EVALUACION DEL PROCESO DE ENSEÑANZA-APRENDIZAJE ◄

Cómo Comprobar los Resultados

Reparta a los niños las crayolas, y en el pliego que usted preparó pida que pinten la escena que representa los versículos 13 y 14 que memorizaron.

SERIE: Dios Está Conmigo
UNIDAD 4: Dios Envió a Jesús

12

LA ESTRELLA QUE GUIO A LOS SABIOS

BASE BIBLICA: Mateo 2:1-12
TEMA: Dios Anunció la Venida de Jesús con una Estrella.
PARA MEMORIZAR: Mateo 2:10, 11

➤ PLAN DE ENSEÑANZA

Qué Preparar Antes de la Clase
Meta de Enseñanza-Aprendizaje: El alumno demostrará su comprensión de que Dios anunció con una estrella, a los magos, el nacimiento de Jesús, por medio de elaborar una estrella y escribir en ella el texto para memorizar.

Maestro: El estudio de hoy se refiere a la estrella que Dios puso para guiar a los sabios (magos) hacia donde había nacido Jesús. También incluye los regalos que llevaron los magos a Jesús. Esta parte, puede ser aprovechada para inspirar en los niños el deseo de dar ellos también. Si siguieron las sugerencias del proyecto de despensa o regalos para alguien necesitado, prepare una canasta bien decorada o una caja forrada con papel regalo, para que los alumnos coloquen allí sus pre-

➤ ACTIVIDADES DE APRENDIZAJE

Qué Hacer Durante la Clase
Actividad Introductoria: Proyecto de la Unidad: Cuadro de la Natividad. Reparta los cuadros y las ovejitas para que las cubran con algodón. Entregue los burros para que coloquen los tres animales al rededor del pesebre. Finalmente colocarán la estrella en el extremo izquierdo superior. Amarre una tira larga de lana roja en los extremos superiores, para colgar el cuadro.

Música: Guíelos a cantar con mucho gozo los cantos especiales de Navidad sugeridos en los estudios 10 y 11.

Conversación: Hablen acerca de los detalles del regalo o despensa que entregarán. Si es factible, dígales para quién será, qué día y a qué hora deberán reunirse para llevarlo. Si se ha decidido que no toda la clase debe ir a entregarlo, dé a cada niño una tarjeta, para que escriba un mensaje de Navidad y ponga su nombre, para incluir en la caja o canasta.

Estudio de la Biblia: *Mateo 2:1-12.* Pregunte a los niños cómo celebran ellos la Navidad en sus hogares. Seguramente algunos mencionarán que reciben uno o varios regalos. Dígales que la historia de hoy trata de unos magos que fueron guiados por una estrella para traerle regalos a Jesús. Siga con el relato:

La Estrella Que Guió a los Magos
—¡Miren, una estrella nueva! ¡Qué grande! ¡Cómo brilla! ¡Ha de anunciar el nacimiento de un Rey! —Así comentaban unos magos del Oriente la misma noche que nació Jesús.

—Debemos buscarlo y llevarle regalos —dijo uno. Así comenzaron su viaje para conocer a Jesús. Día tras día, noche tras noche, caminaban los magos por el desierto hasta llegar a Jerusalén.

"¿Dónde está el rey de los judíos?", preguntaban los magos en las calles de Jerusalén. "Hemos visto la estrella que anunció su nacimiento y venimos a adorarle."

DEL MAESTRO

sentes. Llévenlo a la persona indicada, en la mejor manera y tiempo posible para todos.

Actividad Introductoria: Proyecto de la Unidad: "Dios Envió a Jesús". (Consulte la pág. 105.) Completarán el cuadro, colocando el burro, las dos ovejas y la estrella. Usando los patrones que aparecen en la página 103, prepare para cada niño lo siguiente: un burro en tela de color castaño, dos figuras de ovejas de cartón, para que ellos las cubran de algodón y estrellas de papel metálico.

Música: Los cantos navideños que han estado preparando durante toda la unidad.

Conversación: Lleve tarjetitas, lápices y estampas con motivos navideños.

Estudio de la Biblia: *Mateo 2:1-12.* Lea el pasaje y medite en lo siguiente: Dios se encargó de mostrar y guiar a los magos, por medio de una estrella, hasta donde estaba Jesús. Nunca antes ni después, el nacimiento de un niño ha sido anunciado por el mismo Dios con una estrella. El relato nos dice que los magos sintieron gozo, no solamente al ver la estrella, sino de encontrar al niño y a su madre. Cuando encontraron a Jesús, se postraron a adorarlo y darle sus presentes, ¡dignos de un rey! En nuestro corazón debe existir el mismo gozo y la disposición de darle a Dios lo mejor de nuestra vida.

Memorización: *Mateo 2:10, 11.* Escriba el versículo en una cartulina en forma de estrella .

Repaso y Aplicación: Completarán la actividad de repaso de la Hoja de Trabajo.

Hacia la Meta: En una cartulina dibuje varias estrellas donde quepa el texto para memorizar. Tenga listas tijeras y lápices de colores.

CON LOS ALUMNOS

Cuando el rey Herodes escuchó esta noticia, se inquietó mucho. Entonces llamó a los que se dedicaban a estudiar las profecías de Dios, y preguntó: -¿En dónde deberá nacer el rey?

—En Belén —le contestaron.

Entonces, el rey Herodes envió a los magos a Belén, pero antes les dijo: "Consíganme todos los datos que puedan acerca de este niño. Yo también quiero ir a adorarle."

Las palabras del rey Herodes eran mentira, porque él quería hacerle daño al niño Jesús. El no quería que hubiera otro rey sino sólo él.

Al continuar los magos su viaje, vieron de nuevo la estrella que habían visto en el Oriente. ¡Qué gusto les dio verla! La estrella guió a los magos a Belén y se detuvo sobre el lugar donde estaba el niño.

Lo encontraron en una casa con su madre María. Los magos, al ver al niño Jesús, se postraron y lo adoraron. Le ofrecieron regalos: Oro, incienso y mirra. Estaban llenos de gozo porque habían visto al nuevo Rey. De regreso a su tierra, los magos tomaron otro camino. En sus sueños Dios le dijo que no volvieran a Herodes para informarle del nuevo Rey, porque él quería hacerle daño al niño Jesús.

Memorización: *Mateo 2:10, 11.* Enseñe la estrella que preparó con el versículo de hoy. Búsquenlo en su Biblia y subráyenlo. Guíelos a completar la actividad: La Biblia Dice, en la página 4 de la Hoja de Trabajo.

Repaso y Aplicación: Completen la actividad de repaso de la página 2 de la Hoja de Trabajo.

Oración: De gratitud, por el nacimiento de Jesús

➤ EVALUACION DEL PROCESO DE ENSEÑANZA-APRENDIZAJE ◀

Cómo Comprobar los Resultados

Reparta entre los niños las cartulinas de colores que trajo. Impártales las instrucciones necesarias para que elaboren una estrella. Luego que la hayan terminado escribirán en ella el versículo que memorizaron hoy.

ESTUDIO DE REFORZAMIENTO

13

DIOS ESTA CONMIGO

BASE BIBLICA: Repaso General

PARA MEMORIZAR: Todos los Versículos de la Serie

▶ PLAN DE ENSEÑANZA

Qué Preparar Antes de la Clase

Meta de Enseñanza-Aprendizaje: El alumno demostrará comprender que Dios está con él, por medio de participar en la actividad verbal "Dios está conmigo porque..."

Maestro: Con este estudio terminamos nuestra serie: *Dios Está Conmigo*. Evalúe por algunos momentos su enseñanza como maestro y el aprendizaje en sus alumnos. ¿Qué cambios ha notado en sus alumnos a raíz de estos estudios? ¿Cuál fue la participación de sus alumnos durante toda la serie? ¿participaron activamente y con entusiasmo? ¿Por qué sí o por qué no? ¿Cómo evalúa su propia preparación y la de sus alumnos durante toda la serie? ¿Participaron activamente y con

▶ ACTIVIDADES DE APRENDIZAJE

Qué Hacer Durante la Clase

Actividad Introductoria: Reparta los rectángulos de un mismo color y pídales a los alumnos que escriban en ellos la cita bíblica de los textos para memorizar, (uno en cada marcador). Si tienen tiempo pueden decorar los marcadores en la manera que mejor les parezca.

Música: Divida a los niños en grupos de tres, cada grupo seleccionará uno de los cantos aprendidos durante la serie, y lo presentará como número especial a los demás. A la vez, tenga los carteles con los cantos a la vista de todos, para que después juntos puedan cantar algunos de los cantos preferidos.

Conversación: Hable con sus alumnos acerca de las experiencias obtenidas durante esta serie. Pregúnteles qué fue lo que más les gustó de las actividades, tanto como de los relatos bíblicos. Pregúnteles qué cosas aprendieron acerca de Dios. Procure la mayor participación posible de todos los niños.

Repaso de las Historias Bíblicas: Esta actividad es parte de la meta del día. Llame la atención al cartel visualizado *"Dios está Conmigo"* (ver página 2 de esta sección). Ayude a los niños a expresar gratitud a Dios. Coloque en una canasta o caja los doce marcadores

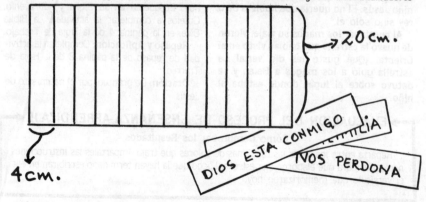

DEL MAESTRO

entusiasmo? ¿Cree que puede mejorar su participación para el próximo estudio? Tome todo esto en cuenta, al irse preparando para la nueva serie que comenzará.

Actividad Introductoria: Corte en cartulina, veinticuatro rectángulos de 4 x 20 centímetros, doce de un color y doce de otro.

Música: Repase los cantos usados durante toda esta serie. Lleve todos los carteles que ha preparado con estos cantos.

Conversación: Aprovecharán este período para que compartan las actividades que han sido gratas experiencias durante la serie.

Repaso de las historias bíblicas y textos para memorizar: Use los marcadores que quedaron para repasar las historias bíblicas, por lo cual escriba de un lado el nombre de cada una de las historias del trimestre y del otro lado el nombre de la unidad a que pertenece. Tenga listos los textos para memorizar que usó para cada uno de los estudios: rompecabezas, carteles y otros.

Repaso y Aplicación: Completarán las actividades en las páginas centrales y la página cuatro de la Hoja de Trabajo.

Proyectos de la Unidad: Si aun no los han llevado a su casas, prepare una exposición con los trabajos.

Refrigerio: Lleve a la clase un pastel (torta), caramelos, refrescos (o bebida caliente) y servilletas en cantidad suficiente como para repartirlos entre los niños presentes.

Hacia la Meta: Coloque en un lugar donde todos los alumnos los puedan ver, los carteles del mural: *"Cartel visualizado"*.

CON LOS ALUMNOS

que llevan los títulos de las historias. Cada alumno pasará a sacar uno y hará lo siguiente: (1) Leer el título de la unidad y de la historia. (2) Señalar el cuadro que la ilustra en el mural. (3) Dirá los nombres de los personajes de la historia. (4) Relatará la manera como Dios actuó en la historia. El alumno guardará para sí el marcador después de participar en esa actividad.

Repaso de los textos para memorizar: Coloque en una canasta o caja los marcadores con textos. Cada uno sacará uno y hará lo siguiente: (1) Dirá el título de la historia a la que pertenece. (2) Señalará en el mural a qué unidad corresponde. (3) Repetirá el texto de memoria, lo leerá, si está escrito en una cartulina o lo armará si se trata de un rompecabezas. El niño guardará para sí el marcador, después de participar en esta actividad.

Repaso y Aplicación: Guíe a sus alumnos a completar las actividades de las páginas 2, 3 y 4 de la Hoja de Trabajo. Discuta con ellos sus respuestas, para asegurarse de que han hecho el trabajo correctamente.

Proyectos de la Unidad: Si preparó la exhibición de proyectos, diga a todos los niños que observen la exhibición, y que hagan comentarios acerca de lo que aprendieron a través de la realización de los mismos.

Refrigerio: Reparta los alimentos que trajo. Dirija a los niños para formar un círculo, tomados de la mano; que den gracias a Dios por los alimentos y por todo lo que han aprendido durante la serie. Después, canten *"Gracias buen Dios"*. Al terminar, pueden comer lo que llevó. Procure un rato de alegre compañerismo. Si el tiempo lo permite, puede participar en algún juego sencillo que no requiera mucho movimiento.

Oración Final: De gratitud porque Dios está con nosotros.

EVALUACION DEL PROCESO DE ENSEÑANZA-APRENDIZAJE

Cómo Comprobar los Resultados

Los alumnos lograron la meta si participaron libremente en todas las actividades de aprendizaje y repaso. A la vez, hágase la pregunta: ¿Demostraron los niños comprender que Dios está con ellos?

Enseñe los cantos por medio de cartelones:

A los niños les gusta mucho cantar. Es una parte muy importante y necesaria en la enseñanza y se debe aprovechar al máximo. Una manera efectiva de enseñar cantos es por medio de cartelones. Para hacerlos, tome en cuenta las siguientes indicaciones:

1. Las palabras deben ser escritas con letras de molde. Usar un plumón grueso de color fuerte.
2. Ponga un solo canto en cada cartelón.
3. Ilustre los cantos. Puede usar cuadros, o usted mismo puede trazar dibujos sencillos. Los cuadros deben reforzar el mensaje del canto.

Todo lo Hermoso

Dios hizo los **colores** de cada bella flor

Las **alas** de las **aves** las hizo el Creador.

Sí, todo lo hermoso ha hecho en profusión

Lo **GRANDE** y lo pequeño, de Dios la creación.

El hizo las **montañas**, los **ríos** de cristal,

El **sol** de la mañana, el cuerpo celestial.

Nuestros Ayudantes

Buenos Amigos

LA BIBLIA ES EL LIBRO

Puedo Confiar en Dios

Letra y música
ARACELY C. de ALVAREZ

© Copyright 1986 Casa Bautista de Publicaciones. Todos los derechos reservados. Amparado por los derechos de copyright internacional.